大是文化

可以
舒服的怕生

「人見知り」
として生きていくと決めたら読む本

從交友、談戀愛到工作，
把人際關係濃縮到最適合
範圍的開心生存之道！

執業會計師、不動產諮詢顧問、暢銷書
《可以善良，但你要有底線不當好人》作者
午堂登紀雄——著
林巍翰——譯

推薦序一　從個性陰影中，激發成功能量／晉麗明　9
推薦序二　在舒適圈中找到自己的路／張瀞仁　13
前　　言　在這個社會，我可以舒服的怕生　17

1 怕生的我照樣開心過生活　21

1　怕生是很正常的情緒，無須否定自己　23
2　不用勉強自己說話，聽就好了　25
3　不用刻意逼自己裝外向　29
4　只和固定的人交往，你會更怕生　33

CONTENTS

2
怕生的你
其實有許多強項 35
1 觀察力敏銳，能捕捉細微變化 37
2 性格是天生的，無法改 39
3 怕生的人比較容易受人信賴 43
4 數位時代，內向反而是一種優勢 47
5 找一個不太需要和人對談的工作 51

3
沉默，
也是一種溝通方法 55
1 想想看，怎麼說會讓自己最輕鬆 57

2 我用這三種方式應付派對和聚會 59
3 演講時，我就照稿念 65
4 閒聊，其實難度很高 69
5 朋友真的不用多，交心最重要 81
6 衝突可以拉近彼此的距離，不要躲 87
7 談判技巧有很多，沉默也是一種 91

4 怕生者的舒服交往教戰守則 99

1 你得學一點罪犯側寫法 101
2 對方沒有回應？他其實是忘了 105
3 「拒絕別人就會遭到討厭」，你想太多了 107

4 最好的拒絕理由：我的能力實在有限 111
5 拜託別人的最好表達方式 113
6 每個人都有表裡不一的多重面相 117
7 找個自信的道具戴上，你就不怕了 121

5

身在人群中依然悠然自得 123

1 孤獨，能激發一個人的巨大能量 125
2 越成熟的人越能享受獨處 129
3 肯定自己的情緒，生氣時，自責時 131
4 只想做自己，就得付出一點代價 135

6
怕生的人適合哪種職業？ 137
1 發現自己的天職 139
2 任何領域都有大展才華的怕生者 143
3 很多頂尖業務其實超怕生 147
4 不敢跟人搭話，就把謝謝掛嘴邊 149

7
談戀愛的訣竅，不用告白也能交往 155
1 試著以結婚為前提 157
2 我看了好多好多的愛情電影 161
3 活用各式「婚活」服務 163
4 用加法來看一個人 167

5 一對一見面就好 171
6 避開需要一直排隊的約會行程 173
7 在意猶未盡處劃下句點 175
8 約會，講白了就是閒聊 179
9 吃完飯買單，是男性該有的最基本禮貌 181
10 出現四種行為，對方就謝謝再聯絡了 185
11 不用告白也能成為男女朋友 189
12 別急，好感情得細水長流 193
13 「雖然胖，卻很會唱歌。」找出你的反差萌 197
後記 終於，我可以舒服的怕生 201

推薦序一

從個性陰影中，激發成功能量

104資深副總經理／晉麗明

如果用二分法來區分世界上善於與人交往及怕生的族群，不善與人互動的人肯定會占大多數；辯才無礙、八面玲瓏的人僅僅只是少部分。

社會上只有極少數人能長袖善舞、舌粲蓮花的因應工作與生活的各種挑戰，大多數人習慣退居第二線，不擅長表達自己的想法與意見，甚至畏懼與人相處及互動。這類人通常被貼上表達拙劣、溝通不易、人緣不好及人際關係差的標籤，同時與失敗及平凡畫上等號。

怕生、害羞幾乎是多數人與生俱來的天性。在學校課堂上常見的場景是，老師問：「同學有沒有問題？」教室內總是一片靜默，大家你看我、我看你，渾身不自在，卻也擠不出任何回應；職場工作中，也印證人們怕生、退縮的個性特質，會議主席請大家表達意見與看法，與會者「能躲就躲」，深怕辭不達意，招人恥笑或是得罪了人。

在求職轉職的行為中，同樣展現人們獨善其身，不想面對複雜人際關係與挑戰的性格。上班族寧可找一份單純、周而復始的行政工作，也想迴避必須與人頻繁互動及接觸的業務工作。

對於怕生所衍生出的認知，其實都是錯誤的，這些長期形塑的既定印象，終於有了翻轉的機會。原來，個性不該被解讀為天生缺陷，而是應該接受自己的特質，並去開創及尋找適合的空間與舞臺，這才是成功的真正關鍵因素。

內向怕生者，更能在獨處中思考生活與工作中的種種問題，並累積智慧的力量，成為讓自己發光發熱的養分。認識自己、建立自信，找到因應的方法與技巧、將自己安置在適合的環境中，就能夠從容的應對挑戰，同時在擁抱個人特質的前提下，打造發光發熱的獨特競爭力。

社群的發展與自媒體的趨勢，提供了內向者更多的工具與渠道，來展現自己的專業與能力。內向、低調的人可以潛心鑽研專業與技能，同時善用新科技來發揮影響力，努力為自己發聲、突破不善交際的框架與限制。

此外，在與人互動及溝通協調中，「會聽」比「會說」重要，要成為一位良好的溝通者，傾聽是最關鍵的能力，這是怕生者可以充分展現的溝通誠意與成功技巧。

《終於，我可以舒服的怕生》一書闡述怕生、內向的人格特性，及如何因應生活及工作中的尷尬場景。書籍內容完整且務實，可以讓內向、不擅交際的讀者，從容自信的化劣勢為優勢，打造屬於自我的人生契機！作者午堂登紀雄，以其自身的經驗撰寫了本書，藉由體驗與敏銳的觀察，提出很多重要的觀念與有效的方法與技巧，能為怕生及內向者，提供明確的指引與努力的方向。

許多人深受自己個性及無法突破人際關係的困擾，現在，大家能夠以全新的思維及角度，重新面對及接納個人的特質，並且以更強的樂觀與自信，讓自己站上成功的人生舞臺！

推薦序二

在舒適圈中找到自己的路

暢銷作家／張瀞仁

如果你不會怕生，應該也不會拿起這本書，所以某方面來說，我們之間應該有種同病相憐的緣分吧。希望你不覺得這是一種歧視，老實說，我生命中已有無數次希望自己沒有那麼害羞。

說到怕生這件事，我的履歷應該有A級水準：從小學開始，我就是班上最安靜的人之一；每次分班或到了新的團體，我總要花比別人好幾倍的時間記住同學的名字，除了天生臉盲外，其中很大原因是我根本不敢正眼看同學，如果用衣服記人的話我應該會強很多，可惜大家每天都穿不同的衣服、或是每個人都穿相同的制服。

時間快轉到現在，我怕生的症頭仍然沒有改善多少，每次到了要遇見新臉孔的時候，我的神經就會緊繃一百倍。即使是休閒類進修（像學畫畫），這種和工作或考績無關的場合，只要一想到我正身處一個陌生的空間中，交感神經跟副交感神經就會提前好幾天開始打架。但職場上我們都要演，不管是假裝開朗大方、或是裝作毫無違和感的融入大家，我總是花了很多力氣，而且一點都不舒服。

從作者的上一本書《可以善良，但你要有底線不當好人》開始，我就開始觀察他是如何劃清人我界線。當然，我們都想要清爽舒服的人際關係，但我又不像作者自己是老闆、又是暢銷作家，很多時候我們都還是要為了五斗米硬撐啊。

作者在書中提出的幾點，我倒覺得給予企業家不同的思考方向。

弄清楚自己的人設，選擇比努力更重要：同樣是創業，IT（資訊科技）新創公司和居酒屋老闆所需具備的人格特質不盡相同。在說服自己人定勝天以前，或許先有策略性的想想自己在哪些場域比較有可能如魚得水。

不用讓步：很少人會覺得自己的個性是完美的，因此常常讓步，認為這樣別人應該會比較喜歡我、事情比較容易成功，甚至將這種委曲求全的態度帶到商業談判上。作者不覺得沉默是壞事、保持彈性之餘也要有堅定的立場，這樣反而可以找到彼此之間的折衷辦法。

重點是傳達自己的想法：我們總是小劇場爆炸，想著「剛剛那樣說不得體」、「這樣拒絕好像會讓他不開心」，但作者從老闆的角度告訴我們，你想太多。換位思考來講，很多時候就事論事反而是最有效率的，在不魯莽的情況下，我們要追求的，應該是完整表達自己的想法，而不是華麗的辭藻或話術。

我當然知道很多事情不會是花幾個小時看完書就可以改變的，但這本書確實提供一個實用的角度，為內向者、容易怕生的人指引一條讓我們舒服一點的路，在日本這麼重視禮儀與應對進退的文化中，還能提出這一套方法，更是讓我覺得不簡單。

寫這篇推薦序的時候，我在臺灣疫情中心的臺北市，已經幾個星期沒有出門，當然也沒有什麼讓我怕生的場合。期待早日解封，或許我會試著踏出自己的舒適圈（就是我家大門），試試其中幾招。

前言

在這個社會，我可以舒服的怕生

我是一個極度怕生的人。

雖然已經活了近半個世紀，依舊不擅言詞、陰鬱、畏畏縮縮，和別人溝通，對我來說是一件痛苦的事。

話都說成這樣了，應該很多人打從心裡會這麼認為：「這樣的你在社會上一定很辛苦吧」、「是不是常吃虧」、「這樣要怎麼工作」、「職場上的人際關係如何」、「客戶不會討厭你嗎」、「還混得下去嗎」，針對這些可大可小的關心和疑問，我可以很清楚的和你說：「完全沒問題，沒有什麼好擔心的。」

事實上，我現在的生活可幸福了呢。你問我為什麼？那是因為，我決定要以一個「怕生的人」的身分來過生活。我不但下定決心，還為自己打造了能有所發揮的環境。

關於怕生，其實並沒有一個定論，但一般來說，大概是指遇到不認識的人時會不好意思，不善於和初次見面的人溝通交流。內向、靦腆、害羞等詞彙，都可以準確的形容上述的情況。

本書中關於怕生的傾向，還包含這些狀況：「不知道該和初次見面的人聊些什麼」、「無法主動和不認識的人搭話」、「不會閒聊，話題很難延續下去」、「覺得保持沉默很痛苦，結果反而自亂陣腳，說了會引火上身的話」、「無法炒熱氣氛，說些適合場子的話」、「不容易說出自己的想法，總是會想避開」、「無法加入別人的圈子，就算進去了也會有疏離感」、「在意他人的眼光」、「就算和其他人在一起，仍會感到孤單」、「既沒有也交不到朋友或能信賴的熟人」、「對周遭充滿警戒，疑神疑鬼」、「總是負面思考，讓心情低落」、「寡言且沒有笑容」、「和其他人待在一起覺得很累，自己一個人比較輕鬆」。

以上情況可能會有些差異，但每個人應該多少都有被說中的地方，如果你正在為此事所困，或覺得活著好難的話，那麼本書一定能助你一臂之力。

其實我自己過去也是這樣，當很嚴重怕生的時候，就會避免去和其他人說話，還會覺得自己真可憐，甚至開始討厭起自己。

結果不論在工作、人際關係、私人領域等各方面，都無法展現出自己該有的樣子，總是扮演吃力不討好的角色，還得對別人言聽計從，無法脫離這種不如意的迴圈。為了避開這些事，我想出的做法，就是接受自己怕生這個事實，並找到自己能夠發揮所長的天地。

下定決心要內向的活下去後，心裡著實輕鬆不少，不太會悶悶不樂和焦躁，每天都過得很自在。只要能發揮自身的特質，就能成長並過上充實的生活。如果本書能讓讀者有所收穫，這會是我最大的喜悅。

1

怕生的我
照樣開心過生活

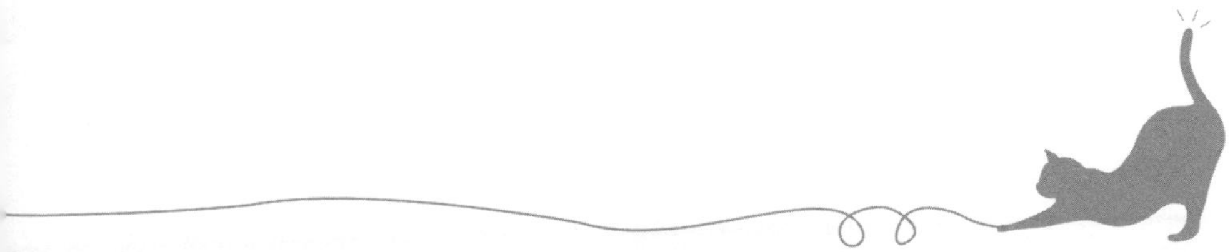

1 怕生是很正常的情緒，無須否定自己

一般來說，所謂怕生，指的是見到陌生人時會覺得不好意思，或不擅長和初次見面的人溝通等狀態。

對許多不善與他人溝通、打交道的人來說，上述的感覺一點也不陌生。怕生其實也有程度上的差異，既有像我這樣的重症人士，當然也有較輕微的，且還可以分為好幾種類型，有的人雖然在面對初次見面的人時會緊張，但只要破冰之後就能侃侃而談，這種人屬於隱性外向型，而本書內容則會聚焦在內向型怕生來做討論。

每個人對於怕生的表現都不一樣，光是形容詞就有內向、靦腆、不擅言

詞、畏首畏尾等。像我這種重度怕生的人，就有好幾種「症狀」。別說是初次見面的人，就算已經見過幾次面，我仍然很難和對方輕鬆交談。

回顧過往的人生經歷，大學時我雖然也有加入社團，但因為融入不了，後來就淡出了社團活動。大學的畢業典禮我也沒參加，原因除了自己沒有深交的朋友之外，對我來說，必須和不認識的人待在一起，實在是太痛苦了，我就自己去學務處領畢業證書。

有一回我應邀去參加友人的婚禮，和我同桌的都是些素昧平生的人，結果整個宴席上我就呆坐在那一言未發，默默捱過了兩個小時。剛開始到公司上班時，如果我在車站看見同事的話，就會假裝自己沒看到，不動聲色的快速改變移動路線，可想而知，在公司聚會上，我也總是獨自喝自己的酒。

類似上述的例子，實在多到數不完，然而這對我來說並非全是負面，因為極端怕生，讓我彷彿領悟到某種境界——接納怕生的自己。我曾想過，為什麼自己這麼晚才意識到這件事，如果早點領悟，肯定能活得更輕鬆。

2 不用勉強自己說話，聽就好了

大部分會害怕和陌生人接觸的人，都希望自己能有所改變。會有這種念頭，大概是因為這種想法所致：「出了社會以後，除了要和不同的人打好關係，還要能和其他人開心對談才行。」然而正因如此，怕生的人才會更加的感到自己不如別人，只能怯生生的承認自己就是沒辦法好好說話。

為此，你必須得先從大腦中清除這類想法，接著再來思考，什麼才是最適合自己的溝通方式。我從結論來說，就是和其他人說話的時候，不用想著要去取悅他們；別再自己去找話題，或是炒熱氣氛；沒有必要說些什麼來帶動大家。

為什麼我會這樣主張？因為只要能發揮怕生的人身上所具備的傾聽力，對方就會主動把對話帶起來。只要徹底扮演好傾聽者的角色就足夠了。專心聽對方在說些什麼，然後適時做出反應，讓彼此之間產生共鳴。

最近增加了許多希望有人能了解自己的心情、強烈渴望獲得其他人肯定的人。這類型的人，只要他人願意聽自己說話，大部分都會很開心，話匣子一開便停不下來。所謂溝通能力，其實指的本來就不是能說出什麼厲害的話，讓大家都歡喜，或是口若懸河、滔滔不絕的說話，而是配合特定目的，讓彼此能相互理解的能力。

相互理解指的是，彼此能在情感和想法上進行溝通，而對怕生的人來說，最主要的重點，應該放在掌握住對方在想什麼，然後傳達出自己尊重對方，並能對他的想法產生共鳴。

如果能達成對話的目的那就夠了，我們沒有必要勉強自己表現出開朗又健談的樣子，只要用自己覺得好控制局面的方式來溝通就可以了。最重要的是，不斷去思考如何精進傾聽力。只要能掌握這項技巧，就能將壓力化為無形，讓自己行動時更為輕鬆。

希望各位讀者可以嘗試本書所介紹的方法，從與他人交談的壓力中解放出來。

3 不用刻意逼自己裝外向

為了能善加利用自己的特質，首先得接受自己是個內向人的事實。或許有些人還是會想改變自己內向的個性，然而所付出的努力，可能都無法得到回報，只會累積更多壓力，而且還得面對自卑感和自我嫌惡感。這些都是我過去曾經歷過的。

為什麼會這樣？因為外向和內向的人之間有著巨大差異，甚至可以說兩者根本是活在兩個不同的世界裡。內向指的是探求自己內心深處感興趣和關心的事物；外向則是向外探求感興趣和關心的事物。

內向和外向之間顯著的差異性，還可以從兩者獲取和消耗能量的方法上看出端倪，外向者藉由走出戶外與人接觸，從具有刺激性的經驗中獲得能量；內向的人則是在獨處時，透過探索自己的內心深處來獲得能量。

當獨處的時間變長、無法得到刺激時，外向的人就會失去活力、想要出門和其他人接觸；而內向的人如果外出與人接觸，則會感到能量流失、覺得疲倦，所以在和人接觸後，需要獨處一下來為自己充電。

由上述可知，相較於從外部獲得大量刺激，內向者更傾向對某個事物進行深入的探索。

兩者另一種不同的特質，表現在內在世界和外在現實的強度上，例如，要一群人看著相同的風景來作畫，每個人畫的肯定會不一樣，因為大家都用不同的視角看世界，然後對其進行加工和創作。因此內在想像越強，完成的畫就會變形得越厲害。而當外在現實越強，畫則較為寫實。

藝術家（例如畫家和音樂家）、漫畫家和小說家之中，有不少內向的人，這是因為他們能在自己的內在世界裡，把資訊重新組合後再創作，換句話說，這些人的內在世界強過外在現實。

我曾聽過有人形容外向的人有如太陽能板，內向的人就像充電電池。身為一個怕生的人，我對這個比喻深表認同。

外向者，也就是外在現實較強的人，他們能對外部的刺激即時做出反應，所以談話時能對答如流，是談判高手；內向的人則會把來自外部的刺激先存放起來，經過消化後才做出反應，因此會顯得反應較慢，且話不多。

像這樣在獲取和消耗能量上的方法，以及內在世界和外在現實的強度不同，都是本質上的差異。怕生的人想要努力把自己變外向，本身就是一種違逆本質的行為，只會讓自己產生巨大壓力而且成效甚低。從結果來說，這種行為沒有意義。

4 只和固定的人交往，你會更怕生

在前面我已經強調很多次，不應該去否定自己的個性和特質，硬把自己改造成另一種類型的人。但我希望各位讀者不要誤會，我並不是要大家完全不和其他人溝通、避開那些自己不在行的事，如果我們極力避開和他人溝通的話，對人際關係的耐受度會變差，還會出現喪失多元化個性的風險。

要是真的變成這樣，我們會陷入無法去相信任何人的狀態，甚至可能讓原本有機會綻放的能力也隨之枯萎。因此，我建議你仍要適度的去感受體內不同的情感，將其化為語言傳達出去。就算是平常會把自己的意見隱而不宣的人，在面臨工作的關鍵時刻時，還是得試著咬緊牙根和對方交涉，拒絕那些滑頭的人。透過啟動自己多面的人格，可以消除遇到的問題和不舒服的情緒，還能幫助自己克服溝通障礙。

如果一直和固定的某些人來往，就會缺乏這樣的練習機會，等到突然必須應對不同類型的人時，很有可能會造成嚴重內傷或吞下不利於己的條件。如果因為害怕受傷而蜷縮起來，不但世界會越來越狹窄，還會失去人格的多面性，陷入降低自我能力的惡性循環中。

為了避免這種事態發生，當遇到不得不說出個人意見，或是面臨應該表達自己觀點的局面時，就不能腳底抹油，溜之大吉，而是要傳達出自我主張，就算是為了追求舒適愉快的人生，也不能放棄自我成長和改變的機會。

「不用去改變自己的性格和特質」是本書的基本論調，除此之外，針對不同情境下需要去面對的狀況，還會從適合內向者方法的觀點出發，來向各位讀者介紹應對方法。

2

怕生的你
其實有許多強項

1 觀察力敏銳，能捕捉細微變化

若是依照自然運行法則來看，無法適應環境的物種必將走向滅亡。

可是有一個疑問一直在我腦中揮之不去：如果在人類社會中，外向不怕生的人才是社會上所需要的人力資源，那麼為何還會有內向、怕生的人？從古至今，內向的人之所以能生存，肯定有其背後的意義存在，可能是為了人類的社會，或是為了延續人類這個物種。

舉例來說，怕生也可以置換為當遇到初次見面、不認識的人時，所表現出的強烈警戒心。這種警戒心能敏銳感受到未知的危險，所以並不全然是負面的。與之相反，能和任何人立刻推心置腹的人，雖然擅長建立群體的人際關係，但也比較容易招來對自己或團體不利的不善之人。

是否可以偵測到危險，關係到生物能否存活下去。若是能活用這種能力，那麼不論在工作、人際關係或私人領域中，都會讓自己更為有利。只要預測未來風險，就可以避開許多陷阱，迎向美好未來。

此外，因為內向者有超強警戒心的加持，所以不至於讓自己完全陷入險境之中，能確保一個安全距離，可以說是具備了分析狀況的能力。例如，在派對上不去和其他人交換名片和聊天，而是以客觀又全面的視角來掌握全局，不受場面氣氛影響，始終保持冷靜。

總的來說，怕生的人因為具有敏銳的觀察力，能捕捉到事物細微的變化，容易發現被忽略之處，擅長去尋找解決方法。這都是因為平日對知識的好奇和解決問題的能力，發生了加乘作用所致。

在內向者不起眼的表象背後，其實隱藏著不輕易隨波逐流，能運用自己獨特的方式來完成事情的能力。

2 性格是天生的，無法改

雖然無法改變與生俱來的特質，但我們可以透過累積知識和經驗，更接近理想中的自己。最重要的是，我們需要擁有把學習到的知識加以改寫的改寫力。只要有意去磨練這種能力，就能活用自身特質，人生也能過得更加愉快舒適。

當我們還年幼時，透過和親人以及老師的互動，還有和朋友一起玩耍吵架的經驗，學習到「這個是好的，那個是不好的」、「做了這件事的話就會得到肯定，這樣做的話則不受歡迎」，在吸收經驗和資訊的過程中，我們也開始逐步塑造出自己的性格。

性格源自於個人與生俱來的特質，以及從環境和經驗中得到並內化的思考模式，再配合個人的行為特徵所形成。因此人們隨著經驗的累積，掌握看待事物的新視角，再加上不斷學習，就能得到更加適應外界環境的生活方式。性格可以說是一副我們為了生存下去所打造出來的鎧甲，是最適合自己的生存戰略。

我涉獵過不同的心理學研究後，得出了自己的觀點，我認為性格是由三個層次所組成。第一層是個人特質，第二層是自我肯定，第三層是信念。

第一層是塑造性格的核心，哪怕是同一個家庭裡出生的兄弟姐妹，個性上也有差異，例如有喜歡自己單獨玩的孩子，當然也有喜歡呼朋引伴的孩子。孩提時的內向特質是與生俱來的，無法改變。

第二層是自我肯定感和自尊心，兩者是形成性格基礎的骨幹部分，藉由和家人等養育者交流而逐漸形成。

第三層是信念。我們透過家庭、學校、人際關係和環境，了解到這件事不可以做、這件事必須做、這是對的、這是錯的，也學習到這樣做比較好，那樣做行不通；這對自己有利，那對自己不利；這是有意義的，那是無意義的。通過經驗和學習，我們不斷修正自己的思考方式，來適應身邊的環境。

有些環境雖然對自己有利，但同時也有可能成為一種成見來束縛我們。我希望各位讀者能了解，在第二層和第三層形成的價值觀、信念和思考方式，都是經由後天學習獲得的，因此我們可以通過新的學習過程來改變。也就是說，隨著經驗的累積，當我們在改變社會上所處的位置，和被要求扮演的角色的過程中，我們可以選擇捨棄或改變不符合自己的思考方式和價值觀，這就是大眾所稱的智慧，也是成熟大人的面貌。這種學習能力的差異，會直接反映在一個人是否能掌握自己的幸福上。

由此可知，「怕生是不利的」、「外向性格比較好」這類想法，不外乎都是從單一面向來看事情。我希望讀者們都能拋開這些綑綁住自己的先入為主觀念，換為自己覺得很讚的思考方式或價值觀。

性格由三個層次組成

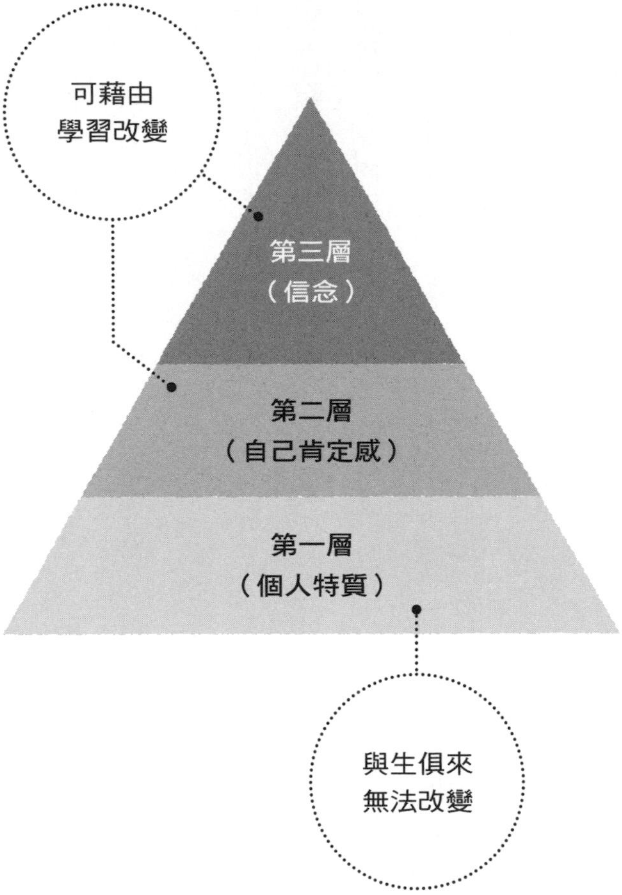

3 怕生的人比較容易受人信賴

怕生的人通常都認為，自己既不喜歡也不擅長和其他人溝通，但真的是這樣嗎？

正如我前面說過的，溝通是指把自己的想法準確傳達給對方，且確實接收對方的想法。從這個觀點來看，只是一個人自顧自滔滔不絕的說話，看起來健談，實際上卻稱不上善於溝通。溝通這件事需要由雙方來進行，而一直充當聽眾的那一方，想必沒有被滿足「說」的需求吧。

因此對不太喜歡和別人溝通的人來說，通常會選擇當個傾聽者，如此一來反而提高了對方的滿足度，不得不說也算是一個優點。

此外，既然是溝通就一定有目的，就算是再平常不過的閒聊，其實也有目的。例如，進入正式商談之前，閒聊的目的就是為了暖場，緩和彼此緊張的氣氛。

另外，在談判的時候，我們可不能強行把自己的想法，一股腦的強壓在對方身上，因此，會用閒聊來找出雙方都能接受的折衷方案。只要是為了達成目標，我們可以使用任何手段。例如以眼神、表情和肢體動作等非語言溝通的方式來傳遞訊息，或是使用電子郵件和視訊影片作為表達方式，方法多元豐富。

假設你真的不擅長說話，還是可以活用其他的方法來掩飾你的弱點。仔細想想，要讓對方覺得對談的過程很舒適，或者需要把場子搞得很熱絡歡快的情況其實很少見。

只要記住溝通目的是什麼，然後判斷如何才能達到這個目的的話，心中的抵抗感就會減弱，在不至於過度緊張的情緒下，和對方順利對話。

為什麼有些人就算性格畏縮保守，還是能得到身邊的人的信賴？因為這類人只要說出口的事一定會做到、不開空頭支票，且只要是自己的錯，就會承認並道歉，是對自己和他人都誠實的人。

在公司裡面，那些平日安安靜靜，按照計畫把工作處理好的員工，或許才會受到他人信賴。同樣的道理也適用於異性關係，只要一個男人能做到遵守約會時間、讓女性走內側、主動為對方開門的話，就算他什麼也沒說，也從肢體表現出「我很重視妳」了。

正因為不擅言詞，所以與其說些什麼，還不如用行動來證明自己。

4 數位時代，內向反而是一種優勢

眾所皆知，弱點和劣勢其實本來就是一種相對的概念，只要環境和立場改變，就可能會成為強項或優點。

舉例來說，雖然口拙對人際關係來說，很容易會被認為是扣分項目，但也可以是誠實和認真的形象。平常話不多的人一旦發言，其話語的分量就是不一樣。另外，沉默也可視為冷靜或聰明的表現，給人穩重的感覺。

我們無須尋覓和自己不同的生活方式，活用本身的特質，找出能讓自己有所發揮的道路才是更實際的做法，而且我認真感受到，內向人能夠大放異彩的時代已經到來，因為有越來越多地方，看中的是內向者所具有的特質。

怕生的人比較喜歡以電子郵件等形式來和人往來互動，像社群網路這類不用直接面對面的交流方式，在數位時代成為主流後，我認為內向者將如魚得水。

在面對面說話的過程中，就算缺乏邏輯或內容空洞，還是可以用語調和肢體動作來帶過，可是一旦以文章來呈現時，缺點就無所遁形了。當然，我並沒有小看擅長講電話或直接面對面溝通的人，只是從頻率和比重來看，文字溝通將越來越占優勢，重要程度與日俱增，從這個面向來思考的話，能活用怕生者特質的時代已經來了。

我基本上只要有一臺筆電就能生活了。我切身感受到，現在這個環境，已經準備好讓我能發揮所長。

寫書或寫專欄這類工作自不待言，就算是處理客訴或協商，我也幾乎只靠電子郵件就能解決。相信各位讀者身邊會說「總之我們先見個面吧」的商務人士也少了很多吧。在講電話的次數大幅下降的情況下，工作中也有不少人除了緊急狀況之外，基本不接電話，大都用電子郵件，或以通訊軟體傳文字訊息的方式聯絡。在兩性關係中，彼此不能見面時，就靠電子郵件和社群網路維持關係，透過文字表述，就算沒碰頭也可以發展出戀情。

內向者只要不斷精進自己的邏輯思考力以及文字表達能力，不只能讓外向者望塵莫及，在現實中還能發揮自身的才華。著名的自閉症研究學者史提夫．希伯曼（Steve Silberman）曾表示，在智能優異的人之中，有六〇%屬於內向型的人，因為他們習慣深層思考。

我認為現今對內向者而言，是相當幸運的時代。

5 找一個不太需要和人對談的工作

請各位回想一下學生時代，班上是不是總會有一些人受到大家歡迎，是班上的核心人物？但那些人現在過得怎麼樣了？其中或許有人事業有成，但也有的並非如此。由此可知，決定一個人是否能成功或幸福，並不是由外向或內向來決定。

我認識幾位ＩＴ初創公司的負責人，他們幾乎都很冷淡、話不多又不太會看場合。另外我也認識不少經營餐飲店的老闆，這些人大多容易親近又會說話，能讓周圍的人都感到愉快。以上例子讓我了解到，一個人之所以會成功，是因為選擇了能發揮個人特質和適合自己的職業或領域，讓自己有活躍的空間。

個人特質，其實在某種程度上也幫我們劃定了能有所發揮的範圍，而性格則是經由學習而得到的處世法則。基於這兩點，我們要謹慎選擇自己的生存方式和舞臺。當然，我想表達的並非是你不努力也行，而是選擇即使努力也不會覺得辛苦的環境。

就拿我來說吧，我因為無法打進已經成形的人際關係之中，所以過去在找打工時，會去應徵「居酒屋新店開幕，募集工讀生」這類，人際關係尚未成團的地方，或是去應徵工地或大樓清潔等，不太需要和人對談的工作，這樣就能一個人默默做事，反而給其他人一種這個打工仔沉靜，做事又認真的好印象。再說，每個人其實都會因場合而改變自己，沒有絕對的外向或內向可言。

就拿前面我提到的ＩＴ初創公司負責人們來舉例，他們雖然平常話不多，可是一旦話題圍繞在工作上時，卻又能侃侃而談。對他們來說，社交交際就交給部屬負責，自己只要能在工作上有亮眼表現就行了。只要我們能認知到自己的特色，以及其所產生的影響，那麼在對自己有利的環境中就能一展長才，還可以避開那些對自己不利的環境。

我再強調一次，與其違反自己的本質，硬生生把自己變成另一種人，不如盡力去活用自我本身的特色和能力。

3

沉默，
也是一種溝通方法

1 想想看，怎麼說會讓自己最輕鬆

參加集會、派對，或是要在人前說話時，如果能於事前決定好要如何表現，就能冷靜面對。怕生的人也有屬於自己的應對方式。

你沒有必要勉強自己把場子炒熱，或是去娛樂他人，只要能享受一個人的時間，或是傾聽對方說話就夠了。只要掌握好自己的個性，想想什麼樣的狀況會讓自己比較輕鬆，再選擇符合的環境就好。

另外，我們還要抓出會讓自己感到巨大壓力、不安或不舒服的環境，並盡可能讓自己迴避掉這些事物，或是找出應對方法。

接下來要向各位介紹，如何找出壓力來源以及應對方式。

2 我用這三種方式應付派對和聚會

怕生的人最常煩惱的，莫過於無法和初次見面的人攀談。像我這種極度怕生的人就沒辦法，因為就算談上話了，也很難說下去。

出席派對、酒席、交流會或聯誼時，我幾乎都是獨自一人。就算是參加宴會，也不會和鄰座的人搭話。除了工作上的需求或基於人情道義之外，我是不會去參加沒有熟人出席的活動。

當然，我也很難避開所有活動，但是我有三種方法來應付這些場合。

第一種：判斷是否是只要出席就ＯＫ的活動

到一個沒有任何熟人的地方之所以會坐立難安，是因為我們覺得，「如果不去和誰聊天，肯定會被他人認為是沒人緣」，但其他人到底怎麼想，誰也不清楚。

或許當你看到別人是一個人時，心裡會閃過「他一個人啊」、「他是不是沒辦法融入其他人」這樣的念頭。話雖如此，但在派對這類場合中，與會者們無不使出渾身解數想認識更多人，因此那些落單者基本上不會有人注意，所以這種坐立難安的心情，也只是自我意識過剩罷了。

在我的生活中，有些活動一定得出席，這時我就會告訴自己：「基於人情義理，只要有出席就算有給交代」，如此一來心情也會比較輕鬆。沒有熟人出席的派對上，不用勉強自己去找誰搭話，只要放輕鬆去享受現場氣氛就可以了。

那些無法感到舒心的人，不安的情緒會反映在他的臉上，那副提心吊膽的樣子，會使其他人更難和他交流。如果你能感受現場的氣氛，並仔細觀察他人的動靜，看起來會比較從容沉穩，容易讓其他人想和你認識一下。

如此一來，能讓同樣是一個人的人，比較容易發現你，並提高過來和你打開話匣子的機會。

第二種方法：一個勁的吃吃喝喝

因為人情而出席這種聯誼活動派對時，我沒有主動去和別人搭話的勇氣，所以會一個勁的吃吃喝喝。這類場合通常都是飲料免費暢飲、站著吃的自助吧，所以可以自己掌握節奏。但要記住，不要散發出「請不要靠近我」的氛圍，盡可能抬頭挺胸，保持笑容，如果有人找你聊天也不要拒絕。

而像居酒屋這類場合，若只一股腦的吃，東西很快就會吃完，所以一開始就要多儲備一些才行。但如果我們在料理剛上桌就馬上起身夾菜的話，可能會遭到非議：「這個人是在幹嘛。」因此食物上桌後先稍待一會，等幾個人都拿完了，自己再去「多拿一些」，這可是需要練習的啊。像這樣掌握好用餐節奏，不知不覺中，活動就會結束了。

第三種：讓自己有事做

如果事前就知道你要參加的活動裡沒有熟人的話，可以試著自願擔任工作人員。擔任工作人員除了不用和其他參與者有多餘的交流外，在會場中來回走動幫忙，也能分散自己的注意力。但如果是出席公司內其他部門，或是有生意往來的人士之間的聯誼活動，與會者雖然彼此認識，卻也稱不上親近，這時又該如何是好？

若是臨時邀約，可以藉口說：「我已安排其他事情了。」若是碰到尾牙或是專案團隊聚會等早就決定好的活動時，就找些事情來做吧，舉例來說，你可以幫大家點餐、倒酒、把料理分盤，或是來回幫上位者斟酒。只要看到有人杯子空了，就主動上前去問：「要不要喝點什麼？」倘若端出的料理是

參加宴會或派對時，你可以這麼做

✕	○
努力找人搭話	不用勉強 和別人交談
想要努力在這裡 多交點朋友	告訴自己 出席本身就很棒了
板著一張臉， 站得遠遠的	表情開朗， 痛快吃喝
不知道要做什麼， 待在這真難熬	盡可能幫大家 斟酒或分菜

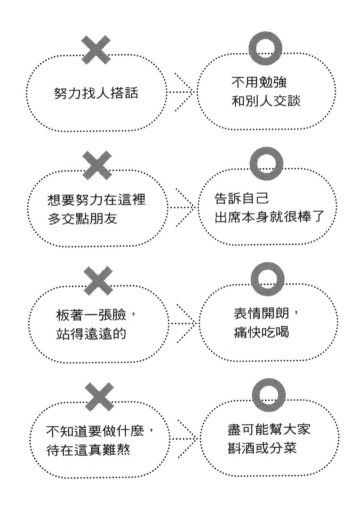

可以多人分食的大菜或火鍋的話，也可以幫忙大家分裝成小盤。

只要投入在上述這些事情的話，除了可以把與人交談的機會降到最低，還能為大家提供服務，也可以避免讓自己覺得不舒服。

如果你的身分是主管的話，那麼就只要聽部屬們說話就行了。因為應該不會有人想聽主管階級的人說話，所以只要保持安靜（但不可以板著一張臉）、降低存在感，就是對部屬們最棒的回饋了。

3 演講時，我就照稿念

年輕時的我，真的很不擅長在人前說話，我只要站在別人面前就會面紅耳赤，手開始顫抖而且還會瘋狂流汗，腦袋一片空白，完全不知道自己在說什麼。

當一個人成為眾人的焦點時，交感神經會活躍起來，心率也會隨之升高。這種感覺就像喚醒了遠古時期，祖先們害怕被野獸捕食的恐懼心理，激發出逃跑或對抗的本能。

我們每個人或多或少也曾經歷過，當與某人四目交接時，如果感到緊張的話，一般人通常會避開對方的目光，但也有些人會表現出一副「你看屁啊」的態度，選擇與對方對抗。而越是內向害羞的人，越有強烈的落跑傾向，所以他們會盡量避開演講或口頭報告這類，需要站在人前說話的場合。

準備、練習，和習慣

在口頭發表或演講時，不用去擔心「說得好不好」、「聽眾滿意嗎」、「沒有搞砸吧」，你應該把注意力放在有沒有把想說的事情，精準的傳達出去。如果你老想著「一定要流暢表達」、「內容得有亮點才行」、「絕不容許失敗」，那麼肯定會把自己搞得緊張兮兮，最後還可能以悲劇收場。

電視記者的好口條，或是懸疑電影中律師於法庭上做辯護，這些算是例外。我們不需要讓自己看起來帥氣又侃侃而談，只要保有「要把重要的內容好好傳遞出去」的心態，就能讓自己專注於內容上。

站在人前會不好意思，在絕大多數的情況下，都源於自我意識過剩。

換個角度想一下，當你看到其他人失敗出糗的時候，是不是很快就忘了？所以周遭的人會有的反應其實也和你差不多。會對自己的發言感到不好意思的只有自己，別人不一定也這麼想。只因一點小失誤就感到無地自容，無疑是自我意識過剩的表現。

接下來的重點是，準備、練習和習慣。

我可以像這樣侃侃而談，也不過是近幾年的事情。自行創業後，演講邀請變多了，每當這種時候，我都會事先做好簡報，用條列的方式呈現內容，然後邊看邊說：「只要把應該傳達給聽眾的內容全部寫下來就對了。」在這種概念下，我在演說時，會進一步針對內容中的重點繼續延伸說明。使用條列式的文字，可以提醒自己要講與其相關的內容。

要在會議中發表意見也是如此。先把想要講的內容記錄下來，然後專心聽其他人說話，這樣一來就算突然被點名發表意見，也能沉著以對。向主管做業務報告時，也只需要把寫下來的內容唸出來就可以。而像結婚典禮致詞這類私人場合，照著稿子唸也能避免失誤，這種場合不用注意到太多細節，或一定得講得感人肺腑，只要能好好致完詞就好。

不論是多麼令人動容或精彩的演說，只要不是知名公眾人物，幾年之後也不會有人記得。我還記得在自己的結婚典禮上，為了最後的「請新郎來說幾句話」，我花了好幾天琢磨文字內容，並讀了好幾次之後才記下來。辛苦總算有回報，大家都說我的表現很好，但真正令人印象深刻的，是「新娘給父母的信」這個環節，婚宴時的感動，最後都聚焦在新娘那邊啦。

4 閒聊，其實難度很高

該如何和別人開心聊天？閒聊對我來說，是難度最高的溝通方式之一。

商談或與人碰面都是有明確目的的對話，閒話家常我卻很不在行，我不知道該以什麼方式來回應對方隨口提出來的話題，所以經常陷入沉默。

如果沒有任何暖場便直接談正事的話，可能會讓對方覺得這個人真冷淡、態度不好，一板一眼又不知變通。例如在商談時，你才第一次和對方的負責人見面，卻就立刻想要談生意：「您好，初次見面請多關照。接著我們來看一下這個產品……。」的話，不但很唐突，還會嚇到對方。

閒聊是人與人之間的潤滑劑，在選擇共事的對象時，人們一般會想找在自己心中留下好印象的人。接著我們來看看，什麼才是內向者該採取的閒聊方式，我將和各位讀者分享我自己的方法。

第一種：不用想著要取悅他人

閒聊的目的，就是在正式進入主題前，創造一個讓彼此都感到輕鬆的氛圍。透過閒聊，可以把「我不是你的敵人，我想和你維持良好的關係」這樣的訊息傳達給對方。

為此，我們不需要去取悅對方，而是先讓自己放輕鬆，準備好和對方建立良好的關係。只要自己覺得放鬆愉快，對方也會和你有相同的感受。透過表情和聲調，讓對方知道你在歡迎他，因此閒聊時，真的不用把場子搞得很熱絡或讓對方開懷大笑，也不需要有技巧的話術或豐富的話題。

記住，不要一個人唱獨角戲，而是要提供話題切入點，讓對方好開口。就算你沒說話，只要對方願意接話就不至於冷場，彼此也能維持好關係，接下來就能順水推舟的朝主題推進，讓談話從開始到結束，都能平穩進行，為彼此留下好印象。

第二種方法：改變對沉默的看法

對不擅長閒聊的人來說，沉默是揮之不去的夢魘。

在鴉雀無聲的情況下如果覺得很尷尬，有些人會開始說些漫無邊際的話，結果卻讓場子變得更冷或是挖坑給自己跳，甚至可能踩到別人的地雷。

此時，焦慮的心情會傳染給其他人，讓你在別人眼中看起來毛躁又不穩重，還會讓對方覺得，「這個人現在應該覺得很尷尬，我得找點話題才行」而莫名感到壓力，這樣絕非一件好事。因此我們首先要做的，是去改變「沉默是壞事」這種觀念。

語言是我們傳達訊息時的一種手段，不是用來填補空白時間。當對方沒有話題時，自然只能保持沉默，或許是對方沒有特別想要說的，也可能是他正在思考或擔心些什麼，而沒有心情說話。

因此當你遇到沉默的情況，並且開始焦慮時，請先對自己說：「因為對方也沒有話題，所以我不說話也沒關係。」然後試著把目光從對方身上移開，看看窗外，讓自己放鬆一下。這樣一來，尷尬就會轉變為安靜，只要心情平靜下來，就算對方突然開話題，自己也能以平常心應對。

此外我希望讀者們能了解，會沉默並不一定是自己的問題，因為如果對方有很多話題想說，彼此就不至於靜默下來，除非對方也不擅長和別人聊天。再說，如果對方有想和我們談的事情，那麼他自然會主動開口，你不用自亂陣腳，找些可能會讓自己扣分的話題來聊。

第三種：炒熱氣氛得靠共鳴和一些話題

場子炒不起來，也不是你一個人的問題，是因為大家缺乏共同話題、有共鳴的事，所以找出共同話題以及有共鳴的事，就是我們要努力的方向。

方法其實很簡單。例如，當你第一次和對方見面，在交換名片時，你可以仔細端詳一下對方的名字和住址，如果這個人的名字很特別的話，你就可以說：「你的名字真特別，老家在哪啊？」如果你對名片上的地址很熟悉，也可以說：「其實我以前也曾住在○○車站附近耶！」來引起彼此的共鳴。

上述兩種方法我經常使用，像我姓午堂，這原本就是比較少見的姓氏，因此常常被對方問，有時我會把球再丟回去：「我的姓已經不常見了，沒想到你的也很特別。」就能將對話不斷延續下去。相反的，我們也可以把希望對方能向自己提問的內容，放在名片裡，例如自己的故鄉、興趣或家族成員等，把能夠引誘對方主動詢問的誘餌標示在名片上，是許多老闆的慣用手法。

還有一種方法，是在前往訪問對象的途中，仔細觀察沿途的景色。例如，從最近的車站周邊開始，到對方那裡為止的街景。細心審視對方所在的大樓外觀，甚至是辦公室內的裝潢和擺設物品等。

如此一來，和對方見面時就可以說：「我第一次來這裡，沒想到車站前這麼熱鬧」、「好多可以站著喝酒的店舖，回去的路上找個地方小酌一下也不錯」、「你們辦公室的裝潢設計很棒」等，創造彼此的共同話題。

你可能也想問，如果是已經見過面的人，該怎麼找出共同話題和有共鳴的事？那你就需要事前蒐集和對方有關的資料，最簡單的做法就是找尋有關對方業界的新聞。例如，你可以試著去問：「對了，今天早上我在報紙上看到這樣的報導，對你們有沒有造成影響啊？」當對方回答：「還好，應該不至於太嚴重啦」、「這大大影響了我們」，這時我們只需附和「是這樣啊」、「真讓人擔心」，如此一來就能自然對話。

只要準備好聊天話題，再配合簡單的附和，就能緩和對話時的氣氛。

第四種：問問題能讓對談更流暢

各位可知道，一般人最喜歡說自己的事情，而且還好為人師。因此最高明的做法是去問對方問題，如此一來，對方自然就會開口。

由此可知，在怕生者所學習的溝通技巧中，最重要的莫過於提升提問力。在對的時間問對的問題，可以得到對方的信賴。這是因為有技巧的提問，可以滿足對方的尊重需求。

在聊天的過程中，提問的重點要放在對方想聊、想說的事情上，而對方想說的，其實不外乎是他想炫耀的事情，例如：「你以前連續拿了好幾次公司裡的MVP是吧」、「可以請你教我箇中訣竅嗎」、「你知道的可真多」，像這樣，可以從對方的強項來詢問。

當你在問和對方有關的事情時，如果能從過去問到現在，對方會更容易回答，說起話來也會更加熱情。此外，還要提醒自己最好問一些對方不用深思或煩惱的問題。例如：「之後有打算搬家嗎？」就是一個不容易回答的問題，但問「你是什麼時候搬到東京的啊？」對方則可以立刻回答。

另外，要注意不要問過於抽象的事，盡可能提供對方具體的選項。例如約會時，如果你問對方想吃什麼，對方可能會說什麼都好。但要是你提議「那我們去吃拉麵吧」，對方心裡可能會嘀咕「這傢伙真的很沒情調耶」。因此不妨試著提出一些具體選項：「義大利料理、法式料理、日本料理和中華料理，你想選哪一樣？」

最後我們還需特別注意，回答別人時，最好不要出現像是「應該不是這樣吧」這種否定他人的反應，因為一般人都不喜歡那些否定自己的人，所以不管對方怎麼回答，可以先說「原來是這樣啊」，來予以肯定。

第五種：成為一個好聽眾

對一般人而言，只要有人願意聽自己說話，他就可以滔滔不絕。聽者越是有反應，說話的人就更能樂在其中，因此那些受歡迎的人物，大都是傾聽高手。

這麼說來，選擇當聽眾的內向者，其實有利於維持良好的人際關係，尤其是在蒐集資料方面更顯優勢。因為說話的人越是滔滔不絕，內向者就越能從他嘴裡得到大量訊息。

話雖如此，如果我們只是乾坐在那，對方可能會覺得，「你真的有在聽我說什麼嗎？」因此我們需要磨練傾聽力。

傾聽力和一般的聽有什麼不一樣？前者要做到深層理解，並能和對方有所共鳴，從其他面向來看，傾聽力或許是一種能提供對方想得到什麼反應的技巧。為此我們需要仔細觀察，除了遣字用詞，更要注意對方的聲調高低、臉部表情以及肢體動作，從這些地方來琢磨對方的情緒。這裡提到的觀察，指的是去找出最合適的時機，並做出對方所期待的反應。

例如，「我終於去迪士尼樂園玩了！」和「我是去了迪士尼樂園，但是……。」這兩句話的情緒和之後想要傳達的訊息，應該不一樣。由此我們可以推測出來，前者充滿欣喜激動，後者則非常失落。對於前者，你可以回應「真的啊，太棒了！」、「終於去迪士尼樂園啦，感覺怎麼樣？」對後者則可以關心對方「是不是發生了什麼事？」讓他說出想要講的話。

不論對方是消極負面，或是積極正面，我們要做的，就是順著對方的情緒走，去想像他的心境，然後調整自己的反應，這麼做就能鍛鍊自己的傾聽力了。

第六種：附和時的五項要點

為什麼當今會有這麼多人使用社群網路？我想這反映出現代人都希望被看見，渴望有人為自己按讚的心理需求。

自己扮演好聽眾的角色，做出對方期待的反應，才算是真正的附和。在附和時，我希望各位記住以下這幾點：不鼓勵、不安慰、不提供建議、不打斷對方發言、不站在否定對方的立場，只要說些讓對方願意繼續說下去的話就夠了。

接下來介紹幾句附和句子：「真不愧是你」、「我還真不知道呢」、

「好讓人心神嚮往」、「真不簡單」、「好厲害」、「我也是這麼想的」、「你的品味真好」、「（你）真令人尊敬」、「被你給說中了」、「真是出色」、「喔，真可怕」、「嗯，確實是這樣」、「真是不可思議的緣分」、「哇，這可真不賴耶」、「哇塞，太厲害了」。以上所舉的只是部分例句，希望讀者們可以創造出具有個人特色的回應方式。

除此之外，還可以重複對方說的一句話，假如對方說：「我在皇居看見螢火蟲了喔」，我們也可以依樣畫葫蘆，「你在皇居看見了螢火蟲呀！」怎麼樣，是不是一點都不難啊。

這可以讓對方覺得「我的話有被聽進去」、「我說的事情得到別人認同」，但如果過於頻繁使用的話，反而會讓人覺得你很不自然，因此要適度的和其他附和方式相互配合使用。

5 朋友真的不用多，交心最重要

高二時的午餐時間，讓我開始自覺到因為自己很怕生的關係，所以很容易只有自己一個人。

高一時很好運，有一位坐在我後面、名叫實松的同學會主動和我說話，可是升上高二的第一天，我就發現班上的同學幾乎都是生面孔，到了午餐時間，果然沒人找我一起吃。我為數不多的朋友都被分到別的班級，而現在教室裡那些從一年級就同班的同學也三三兩兩分成小團體，只有我孤身一人。

天啊，我竟然要一個人吃飯，太糟糕啦！因為班上有一半以上是女生，如果我一個人吃飯的樣子被看到了，她們一定會認為「午堂沒有朋友，好孤單喔」，真是越想越恐怖。到現在我都還清楚記得，當時自己有多麼怕生。

當時我很慌張，心想才開學第一天就落單的話，日後要改變這個局面就不容易了，可是那種只有兩、三人的小團體，看似都很穩定了，實在沒有勇氣去打擾他們。於是我默默的把椅子移動到班上最大的男生團體外圍坐著，這才總算避免午餐時間獨自一人的情況。之後雖然還是會碰到像校外教學這種需要分組的活動，但幸好都有人主動邀約，這才沒事。

現在託臉書和 LINE 等社群網站之福，讓我避開了人際關係歸零的風險，但即使是上大學或出社會時，依然苦於無法融入人際圈裡。現在自己創業了，雖然經常有機會受邀參加一些聯誼活動，可是不知道為什麼，坐在我兩旁的人，都會和對面的人聊起來，卻沒人和我攀談，這情況幾乎會出現在每一場我出席的活動中，究竟是為什麼呢？

不用想方設法要打進圈內

我已經有過太多一個人被晾在旁邊的經驗了，所以總結出一個結論，那就是不用勉強自己去加入別人的話題。無法融入對話，不僅和自己沒有利害關係，也不會對自己造成任何影響。

如果是和自己的利害相關的事，當然不能放任不管，但被排除在人際圈外，代表這件事和自己沒有關係。不痛不癢的對話，目的就只是為了炒熱現場氣氛而已，就算沒有參與也不要緊。倘若覺得待著很痛苦，那就離開吧。

如果怕寂寞，那就專心聽別人說話吧，就像我高中吃午餐時一樣，總之先坐在一旁聽他們在說什麼，再稍微有點反應就行了。

有些人會抓住對話的空檔，強行加入話題：「哦，你們怎麼那麼嗨啊，剛剛在聊什麼？」但這對怕生的人來說，實在太難了。因為這樣不但會打斷別人的對話，有時候還會被冷眼相待。像這種情形，其實我們可以小聲的問和自己最近、同樣也坐在外圍的人：「不好意思，剛剛是在聊什麼新鮮事嗎？」這樣比較容易切入。

善用那些會說話的人

很少人可以和任何人都能聊得起來。有些人只有在剛認識的人面前，會緊張得說不出話來；有些人和熟識的朋友在一起可以侃侃而談，但遇到關係較淺的人時又變得不擅言詞；有些人不擅長和個性強勢或特定類型的人溝通；也有像我這種在團體中不說話的人。每個人的情況都不一樣。

為此，我們要來認識自己的特性，盡可能選擇自己比較容易說上話的人或環境，然後待在那裡。你也可以和社交能力超群的朋友同桌，或把他介紹給其他人，這樣朋友就能當起你的「橋梁」了。

這個方法我經常用，而且擔任橋梁的就是我的妻子。我老婆外向又有社交能力，天生和任何人都聊得來。我會將我認識的人介紹給她，當參加聯誼活動或派對，我也會和她一起出席。就算我沒說話，她也能為我找話題，真是稱職的賢內助。

接著來談如何讓你從痛苦的團體裡脫身。假設這些團體是一群不可靠的家長教師聯誼會、由強勢多話的媽媽們組成的媽媽朋友會、被歐吉桑們掌控的社區自治會等，不用多想，直接離開吧（反正也沒有硬性規定要參加）。你可能會擔心，這麼做難道不會與人發生口角或在背後被他人說閒話嗎？或許會，但這也只是一時的，為了日後長遠的安寧，請拿出勇氣離開。

只對那些值得信賴的人敞開心胸

看到這個小標題，肯定有人會數落我：「你也太小看人與人之間的羈絆了吧」，但請各位仔細想想，所謂的羈絆，指的是自己想要幫助他人的這個想法中，所產生的一種人與人之間的連結，也就是說，羈絆求不得他人，也不是讓人常掛在嘴邊、整天嚷嚷「我們應該珍惜彼此間的羈絆」。就算想表達這樣的想法，也應該換成「我們應該珍惜對方」才對。

感受到羈絆，原來的意思應該是我信賴對方，對方也信賴我，這種彼此信賴的感覺，就算彼此分隔兩地，有好長一陣子沒有互通音信，但只要我一想起對方，就會覺得「他真是個好傢伙」，反之對方想起我也是如此。

彼此間如果能有這種關係，就算是事隔多年再見面，還是能馬上推心置腹。但話雖如此，正因為彼此都很體諒對方，所以哪怕真的有事，也有可能不會拜託對方幫忙。

那些喜歡把羈絆掛在嘴邊的人，最好離他們遠一點，我們要重視的，應該是那些自己能夠信得過的人。

6 衝突可以拉近彼此的距離，不要躲

內向的人通常比較無法表達自己的想法。因為他們會害怕，如果話說出去會不會破壞氣氛、遭人討厭，總是會過度照顧他人的情緒，甚至無法拒絕別人。

不僅如此，內向者往往嚴以律己、寬以待人，他們總是會接納別人的想法，卻很擔心自己說出口的話，會成為別人的負擔或困擾，結果讓自己有想說的話卻說不出口。

明明不情願卻因無法拒絕而勉強接受，把辛酸往肚裡吞；無法表達個人意見，結果讓自己悶悶不樂，這種事情屢見不鮮。要是不滿日積月累囤積起來，就可能因一件小事情而爆炸，如此一來不但會波及到周遭人事，甚至可能破壞既有的人際關係，在兩性關係中尤其如此。

為了避免遭遇到這種情況，我們應該養成說出自己想法的習慣。接下來我將介紹一些觀念和自我主張的方法。

發現說出真心話的好處

當我們和他人交往時，在某種程度上坦白說出自己的真心話，才能締造一個理想關係。例如，當你看到那些一直對人鞠躬哈腰、滿嘴好話的人時，心裡怎麼想？是不是會覺得摸不透他們在打什麼主意，而覺得有點不舒服？

同樣的，如果你只是一味考慮對方的情緒，不做任何反對，始終壓抑自己的感受，那麼對方也可能會認為「這個人一定有什麼隱情」，而開始提防你，不再願意說出真心話。

人與人的相處，在意見上發生衝突是必然的。如果每當發生碰撞你就選擇逃避，那麼對方終究無法了解你的想法，就算可以長久交往，早晚有一天會走進死胡同，最後決裂。如果和對方實在合不來，那也沒有辦法，唯有了解彼此的想法和價值觀的不同，才有可能不再勉強自己和對方交往。

無法說出自己真心話的人，在潛意識中已經把「相較於彼此的關係，避免發生衝突更重要」這種觀念深植於心了。如果無法擺脫這種束縛，你還是會為人際關係苦惱。是時候該鼓起勇氣，下一點小決心了。

人的一生中，不可能都不說出真心話。透過把自己的價值觀、認知事物的方式和想法傳達給對方，對方也會和我們分享他在想什麼，如此一來，就能知道哪些是彼此可以接受或不能接受的事。

只要把互相認同、無法認同的部分，以及可能引起不滿的地方和彼此的需求講明白，就可以拉近雙方的距離，討論出對方需要如何修正，才願意接受或忽略這件事。在一起共度難關的過程中，加深彼此的關係，這才是建構人際關係的方法。

思考一下如果是自己的話，會做何感想

一個人如果已經習慣不去表達自己的意見，那麼要他立刻有所改變，也是強人所難。這裡提供一個解決方法，那就是嘗試去思考「如果被別人這麼說的話，自己會做何感想」。

例如當你感到「真難啟齒」、「這實在不好拒絕」、「這麼說太失禮了」時，想像一下自己被對方回以同樣的話，會是什麼樣的心情。如果你覺得自己並不是很在意，或不至於生氣的話，那麼在大部分的情況下，對方應該也和你一樣，所以不要害怕，試著開口吧，你會發現對方其實也沒怎麼放在心上。

7 談判技巧有很多，沉默也是一種

不善於談判，是另一個會讓內向者發愁的弱點，因為擔心不知道對方怎麼想，所以會壓抑住自己想說的事情，且就算想反駁對方，也會因詞窮而開不了口，腦中一片空白，甚至無法冷靜思考。

我想應該有不少人都曾經歷過這些事情吧。這樣不但必須接受並非出於己願的約定，甚至還得吞下有損自身利益的條件。那麼到底該怎麼做，才能避開這樣的狀況？接下來我將舉出幾個實例，並介紹應對方式。

一種做法是，請擅長談判的人代打。但自己一直逃也不是長遠之計。因此比較可行的做法是，避免在當下做出回覆。把需要答覆的事情先帶回去，日後再以電子郵件等方式聯絡，就算當下被逼著要回答，也不動搖。

在講電話或與人直接面對面這種，在溝通上要求瞬間反應力的場合，內向者容易被強勢的人牽著鼻子走。因此你可以這樣回答，「請讓我回去好好思考一下」、「之後會再以電子郵件告知我方答覆」，來確保自己有冷靜思考的時間。怕生的人通常比較善於以文章來表達，郵件則可以反覆推敲、修改到自己滿意為止（當然也有顧慮到收件者）後才寄出去。

儘管商業類書籍都會強調當下決定的重要性，例如，「如果不能立刻做決定，對方會認為你沒有實權，不再把你當回事」，但這種言論對內向者來說很危險，而使用電子郵件，才具備證據效力，還能避免發生各說各話的糾紛，你就以此為理由說服對方並脫身吧。

私生活方面，當你被找去參加婚禮後的續攤，或有人約喝酒時，也可以說「等我確認行程後再回覆喔」，或「目前有些行程還在調整，確定之後再聯繫」來避免當下做決定。如此一來還能預防自己日後後悔當下太快答應邀約。

另外，當你要賣車或搬家，請人來幫你估價時，這些業務通常都會跟你說：「如果現場馬上決定的話，可以給您這個優惠金額喔！」希望你當下立刻做出決定，然而，如果你在第一間公司估價時就做決定的話，很有可能讓自己低賣高買。

這種時候就搬出「不好意思，我們家這種事由老公（老婆、爸爸、媽媽）來決定」、「我們家做事向來需要再三考慮」來應付就對了。相反的，如果是買新車或家電時，對服務人員說不出「這個價格太不夠意思嘍」，無法向服務人員要求折扣的人，可以試著把其他店的價格表帶在身上用來比價，只要說「其他家是這個價格哦」，也就能和店家交涉。

這麼做或許會讓銷售人員很不爽，但反正維修可以找其他店，之後也不會再碰到這個人，這樣想的話心情上也會比較輕鬆。假設店員對你說「這樣的話，還是請您到別家店購買吧」，這時也不用在意，道完謝離開即可。

沉默也是一種談判

少話又內向的人，有時候在談判中反而是有利的，因為大部分的人在面對對方一直沉默的情況下，一定會感到巨大的不安和壓力。例如，當對方和你說，「這個條件不知道您滿不滿意」時，如果你只是回覆「嗯」的話，對方的心裡就會慌了，他可能認為「他是不是對這個條件不夠滿意」、「這樣下去的話，生意可能就談不成了」，於是有不少銷售人員就會開始挖坑給自己跳。

「如果我再把尾數給去掉，您覺得如何呢」、「那我再送您這項服務怎麼樣」，像這樣的對話場景，大家是不是經常可以在電子產品量販店、汽車展銷中心，或和業者討論重新裝潢的費用時看到呢？

就在不久前，我也用了相同的手法買了一輛新車。

「這裡是報價金額。」

「謝謝。」

「因為現在正舉辦大拍賣，所以便宜了四十萬日圓。」

「……。」

「我可以再送給您這項服務喔！」

「嗯。」

「不然再去掉尾數，以這個價格和您交個朋友！」

「嗯。」

「那麼以年內交車為條件，這筆工錢也幫您省下，這個價格如何？」

「好的，就和你買車了！」

像這樣，我幾乎沒有開口，卻以相當優惠的價格買到了車。有時候只要你的話越少，就容易讓對方主動讓步，把好康端出來給你。

分析對方的談判戰術

優秀的談判人，又被稱為「態度堅定的談判者」（tough negotiator），但這裡的態度堅定（tough），指的並非「強力推行自己的主張」之意。

像鐵板一樣不願讓步、一再重複自己的觀點，這麼做或許可以讓對方屈服於你，讓自己看起來像贏了一樣，但對方心裡肯定會有疙瘩，準備隨時在不同的地方，給你來個回馬槍。

我們不應該固執己見、毫無彈性，而是要去找到彼此都能夠接受的折衷方案，不要輕言放棄，要有耐心的協調溝通，這才是態度堅定（tough）的意思。

為此，我們要做的是保持平常心。談判需要運用到戰術策略，也包含心理戰的部分，所以有時也會運用一些挑釁的言語來動搖對方。如果我們因對方的話而感到不安、罪惡感、害怕或生氣，就容易自亂陣腳、陷入劣勢，這樣就正中對方下懷。

例如在家電量販店，如果你去問服務人員「請問有這個商品嗎」的話，對方可能會這樣回覆，以激發顧客的狩獵本能：「這是人氣商品可能已經賣完了，不過請稍等一下，我來確認庫存」、「您實在太幸運了！庫存目前只剩下這一個喔」。

此外，有時我們也會在談判時遭到對方威脅。說到威脅，一般人容易聯想到用大聲怒吼來向對方施壓，但其實也有和聲音大小以及情緒反應無關的小型威脅。例如，「應該可以有更多折扣吧」、「你是怎麼做服務的啊」、「這個也送我啦」、「快超過我的預算了」、「你真的有想做這筆生意嗎」，就是顯而易見的威脅。但也有像「都專門為你保留下來了，難道你要辜負我的好意嗎」，以間接的方式，讓對方受到罪惡感折磨的威脅手法。

因此重要的是，我們要先能警覺到對方是在威脅我，希望我能妥協。如果沒有意識到這一點，就很容易緊張、退縮，最後做出過多的讓步。如果能清楚知道意圖的話，內心就不容易動搖，可以用平常心來揣摩接下來可能會碰到的手法。

還有一點希望各位讀者要銘記在心，就算我們願意做出讓步，一般情況下，對方也不會感謝你。因為那些會以強勢態度來壓迫你的人，他們心裡盤算的是「只要自己有好處撈就行」，這種自私自利的想法。所以哪怕你願意妥協，對方也只會得意忘形的認為「如果施加更多壓力，應該能拿到更多」。或許在事情結束後，對方還是會禮貌性的和你說：「謝謝你！」、「太感激了！」但他們腦中其實只有「太爽了，賺到啦！」這種想法而已。

只要能認知到人心就是這麼一回事，就會理解一味的對人讓步，是一件很沒意義的事。

4

怕生者的舒服交往教戰守則

1 你得學一點罪犯側寫法

怕生的人，通常都比較容易感受到來自人際關係的壓力。若想過上舒適人生，關鍵就在於如何降低這類壓力。其中，**增加對他人的定義，是最有效的方式**。

當我們接觸到和自己擁有不同思考方式或認知常識的人時，會容易不安和焦慮。碰到這種情況，很多人都會運用自己的認知來理解對方，像是「這個人屬於這種類型」，藉由這種做法，可以降低自己無法理解這個人的狀況發生，也較能讓自己心安。或者以「那個人對這種事情很計較」的方法來推測某人的性格，或把自己的言行轉換成對自己有利的方向。上述這些是很多人在無意間會做的事，而在犯罪搜查的現場，這種方法稱之為罪犯側寫（offender profiling），是一種廣泛被運用的手法。例如，「會採取這種犯罪手法的通常是這種人，他們的心理狀態是如此」、「這種性格的人，容易犯下這樣的罪行」等。用累積起來的龐大人物數據來做比對，對找出犯人、預防犯罪都很有幫助。如果比對的數量不夠的話，可能會難以找到犯人或犯罪動機，讓案件陷入困境中。

同樣的方法也適用於我們去認識其他人，但如果指標或測量基準過少的話，我們也無法正確理解對方的心理和意圖。結果出現「他和我在這個方面不一樣，可是在那個地方卻又相同」的情況，讓我們無法多面向理解，這樣不但難以接受對方，還容易讓自己有壓力。

因此在平日裡，我們應該要習慣觀察對方的遣詞用字、表情和肢體動作，以及自己的言行是如何傳達給對方。就算當下無法理解，也要在日後反思「為什麼那個人會說這種話」、「為什麼那個人會做這種事」，轉換立場，思考一下如果是自己的話會怎麼做，然後順著原因繼續探究下去。只要累積經驗，並把這些內容塞進自己的資料庫中，日後就算只是稍微接觸過的人，我們也能大概預測「他可能是這類型的人」。

不可否認，這種以類別來認識一個人的做法，可能會變成先入為主或固定觀念，有時甚至會看走眼，但只要能在事後反省並加以修正就行。透過這樣的方法來認識人，有助於我們去理解對方的個人情感及其行動的理由，如此一來可以學習到與人接觸的方法，減輕人際上的負擔。

罪犯側寫不只可以使用在人身上，如果我們也能將其應用於政治、經濟等不同面向，把事情和體內龐大的資料相互參照，就能幫助我們去理解這個社會。如此一來，對於社會上發生的事件和變化，我們將不會感到那麼恐懼和不安。

為此，我們需要透過大量閱讀來認識這個社會的架構，去挑戰不同的事物以增加自己的經驗，並了解這個未知的世界。

2 對方沒有回應？他其實是忘了

有些人在碰到人際關係的問題時，會覺得「都是自己的錯」、「是我自己有問題」，有這種貶低自己的傾向。例如和別人打招呼，可是對方卻沒有任何回應時，會覺得自己被討厭、擔心是不是做了什麼讓別人不愉快的事，或者明明寄了賀年卡給朋友，卻沒有收到回信時，也會擔心對方是不是不要我這個朋友了。

為了緩解這類狀況時緊繃的心理狀態，我們可以試著換位思考，例如你可以想一下，在什麼情況下，自己會忽視別人打的招呼：

「我以前有發生過這種事嗎？」

「不可能，我怎麼可能會犯下這麼失禮的事。」

「這麼說來，應該單純是沒有注意到吧。」

「還有可能對方其實是在和別人打招呼，結果我自作多情了。」

「對了，這就和過去曾經有人匆忙和我打招呼，當時我嚇了一跳，口中一個字也吐不出來的情形是一樣的。」

「沒有回覆賀年卡，可能是因為對方有什麼緊急事情才忘了。」

「對方因為事情多沒有空回信，時間就這樣過去了，日後想起來也錯過了機會，所以決定乾脆不回覆。」

如果運用上面提到的方式來思考，就能了解對方不回應自己，其實可能是其他原因造成。

3 「拒絕別人就會遭到討厭」，你想太多了

無法對人說不，或很難去拒絕他人請託的人，通常都會下意識有這種想法：拒絕別人的話，就會被討厭。

但如果仔細想想就知道，如果有人討厭會拒絕自己（請求）的人，請問你覺得這個人如何？他只考慮到自己，不管他人會怎樣。在這類人眼中，那些能配合的都是好人，反之則是壞人。

當你被這種自我中心的人拜託時，就算你願意幫他忙，他也不會感激你，而且你付出得越多，對方反而會更加食髓知味，「你這裡做錯了，拜託細心一點好不好」，甚至可能遇到這種好心沒好報的回應。

你認為自己需要被這類型的人喜歡嗎？還是應該和這種人保持距離，維持一個不會受到他影響的關係？

然而，還是有些人平日動不動就喜歡去麻煩別人。對付這種人，最有效的做法就是「有借有還」。例如，當對方問你可以幫個忙嗎時，你可以說：「我剛好也有一件事想拜託你。」如果對方說：「我就是因為沒有時間，才要請你幫忙。」你可以回答：「我如果答應你，就換我沒有時間了，所以才需要麻煩你。」如此一來，對方可能就會算了。

一旦被人拒絕，立刻翻臉比翻書還快的人，你覺得還能信任嗎？仔細想想，這難道不是一種很幼稚的心理表現嗎？這樣的人不值得我們去和他建立親近的關係。

我們應該如何面對身邊的人際關係？這個人對自己是否重要，得看他的表現。要是能在心中先想好「如果被他討厭了，我會蒙受什麼損失」、「真的遇到這種狀況時該如何應付」的話，就會明白自己沒有必要那麼在乎會讓自己心煩意亂的人。

另外會說出「是朋友就幫我這個忙啦」、「後輩就要聽前輩的話啊」、「看在老鄉的面子上」這種話、喜歡強人所難的人，實在沒有與其交往的價值，但要特別注意，可別被他給籠絡了。

4 最好的拒絕理由：我的能力實在有限

前面我曾提過，應該要避免立刻做決定（第九十二頁），但像是家長教師聯誼會的幹部選舉，或媽媽友之間要分配工作時，如果不在當下得出結果，對大家來說都是一件麻煩事。

面對這種場面時，如果不適度提出自己的想法，很容易就會被分配到吃力不討好的工作，因此有時必須堅定的說不才行。但如果不分青紅皂白就拒絕，難免會和他人發生衝突。因此，不妨可以試試看下面這種表達方式：

「我的能力實在有限，恐怕無法勝任更進一步的工作。」

「我無法讓妳幸福，我們也不合適，這都不是妳的錯，真的很抱歉。」

藉由告訴對方自己的能力有限，可以讓人比較容易接受結果，同時緩解自己拒絕別人後的罪惡感。

5 拜託別人的最好表達方式

直到今天為止，我還是不善於去拜託或依賴他人。主要有兩個原因，其一，害怕這麼做會造成別人困擾，讓對方不愉快；其二，如果被對方拒絕，會有種自己被否定的感覺，覺得很受傷。因此還不如一開始就不要開口比較好。

之後我意識到以下幾點，才讓自己活得比過去輕鬆。

首先，如果是第一個原因而不敢去拜託別人的話，可以藉由改變說話方式，降低對他人的負擔，也就是從一開始就讓對方知道拒絕你也沒關係。例如，「因為我認為找○○先生是最佳首選，所以才來和你商量。但如果時間上不方便也沒有關係。」像這樣先有一段開場白，之後才加入拜託事由，能讓對方比較沒有壓力。如果是用「幫我忙是應該的吧」的口氣來拜託，對方聽起來一定會覺得像是被逼迫而很不愉快，自己也容易踢到鐵板。

若是被對方拒絕了，只需禮貌回覆「沒關係沒關係，請別放在心上，我只是問一下而已」，如此一來對方也不會因為拒絕你而感到不好意思，彼此之間的關係也不至於尷尬。

如果你是那種遭人回絕，就覺得自己被否定的人，那麼就更需要習慣被拒絕，鍛鍊自己的心智，達到就算被謝絕也不會過度失落的程度。有一種方法是，去拜託明擺著會遭回絕的事情，然後在其中累積經驗。

剛開始可以試著先從簡單的請託開始，例如，「若是找你一起去聯誼，你會來嗎」、「可以幫我抬這張桌子嗎」，這種請託就像是打預防針，讓微量細菌進入體內以便形成抗體，等被拒絕幾次後，就會免疫了。

另一種方法是讓自己冷靜，告訴自己是事情被回絕，而非自身遭到否定。例如，當你麻煩別人來幫忙處理自己的工作或業務卻被婉拒時，大部分的理由不外乎是對方剛好沒時間、精神狀態不佳、缺乏幹勁或不擅長該領域等。再說，你也不會去找討厭你的人來幫忙，所以「他人的拒絕＝否定自己」這個想法本身就有問題，希望讀者能養成去想像對方立場的習慣。

6 每個人都有表裡不一的多重面相

怕生、口拙等這類型的人，總的來說都具有敏銳且豐富的感受能力。乍看之下這類人並不出眾且冷淡，但遇到關鍵時刻，他們可以全神貫注投入在某件事情上並做出成績。這類人在人際關係中為了活用不易外顯或隱藏起來的能力，需要去掌握自己體內的多重人格，打造出能讓不同人格有所發揮的場合。

每個人的體內其實都存在多種人格，我們會在生活中靈活運用他們。例如有人在公司時，可能是一位令人敬畏的主管，回到家卻是個整天操心孩子的丈夫；有些人課堂上安安靜靜，但在運動社團裡卻熱情洋溢；有些人在人前姿態放得很低，可是寫出來的文章卻充滿煙硝味。許多人都有表裡不同的面相，只要我們能改變觀點，就可以在發揮自我的場合中不用壓抑自己。

我清楚認識自己內心的多重人格，也會在不同的時間和場合扮演不同的角色。例如，在演講等要站在人前的時候，基本上我會表現得隨和、以禮待人；在進行文字創作，像是寫書時，則會採取較為批判的態度；而在撰寫專欄時，往往是火力全開。書籍一旦出版後，就不容易去修正內容，因此最重要的是確認內文是否屬實，以及邏輯是否縝密；至於網路專欄必須考量到瀏覽人數，所以下筆時我會刻意使用一些可能較受爭議的文字。

考慮到人際關係，我們在人前要表現得行禮如儀，但獨處時，你可以態度冷淡又板著臉，什麼都只考慮到自己。如此可以幫助你把在某處累積的壓力於另一處釋放；還能讓自己被壓抑的部分，在其他地方有所發揮，取得屬於你個人的平衡。

但事實上很多人並沒有意識，或者說只是沒注意到自己擁有多重人格。

在刑事案件的新聞報導中，我們經常可以看到「犯人是他？真不敢相信」、「看不出來他是會做這種事的人」等採訪報導。

因此，如果你覺得現在的公司沒辦法讓你發揮真正的人格特質的話，就應該去思考自己的另一面為何、它能在什麼地方有所表現，然後試著去報名學習課程、參加公司以外的讀書會，或加入運動團體，找出適合你人格特質的社群團體。

7 找個自信的道具戴上，你就不怕了

想過得快活舒適，就要把注意力集中在該怎麼做，才能讓自己得到好處上，並在各個狀況戴上適合的「面具」。只要戴上它，就能發揮出適合當下場合的演技，換句話說，就是讓自己當個演員。例如在聯誼或求職面試時，每個人都為了自己的需求而戴上面具、揮灑演技。

如此一來，「在這個場合，演一下對自己比較有利」，當認知到這點時，多少就能減輕硬要讓自己變外向所帶來的壓力，和消極悲觀的想法，演起來也不至於太疲累。

此外，像保健食品廠商，都會讓客服人員穿上白色衣服，讓他們看起來像個醫師，振振有詞的說明公司的產品，也是一種利用道具來展現氣勢的方法。就像日語中有「勝負服」、「勝負內衣」這類詞彙[1]一樣，當一個人戴上一只高價手錶或坐上高級名車時，行為舉止也會有所改變。在使用高級、高品質的東西時，會讓人產生錯覺，彷彿自身價值得到了提升。

這麼說來，變裝派對的氣氛之所以會這麼嗨，或許正是受到服裝影響也說不定。

1 意思是，男女交往時，在一些特別的日子或聯誼等場合，為了吸引對方所穿的服飾或內衣。中文也譯做約會戰鬥服和決勝內衣。

5

身在人群中
依然悠然自得

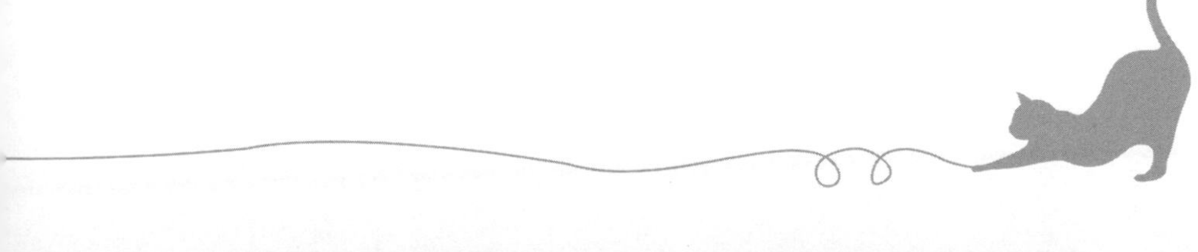

1 孤獨，能激發一個人的巨大能量

對內向的人來說，如何和孤獨相處，是一門逃不掉的必修課。

孤獨死[2]一詞近年來頻繁出現在日本的媒體上，這讓孤獨幾乎成了寂寞、悲慘和「毋湯啦」的代名詞。但我認為，**孤獨才是能讓一個人活出自我的原動力**，提高自己的孤獨力，才是最強的生存方式之一。

這意思並不是要各位避免與人接觸，或是在現實中搞自閉。孤獨力是當

2 是指個人在沒有其他人注意到的情況下死亡。例如高齡者或有痼疾在身的人於死亡後，經過了一段時間才被人發現等情形。

我們在社會中與人交往時，可以把自己的想法置於軸心、對自己負責的一種能力。至於為何可以達到這種狀態，是因為在孤獨中與自己坦誠相待，就能讓我們隨心所欲的控制自己的情感。

如此一來，就能自我消化不安和煩惱，看待事情的方法也會隨之改變，心情也會變得愉悅。如果要想提高心靈的力量，就需要孤獨的時間。此外，對富有創造力的人來說，孤獨能成為他們創作的泉源；而對於工作能力強的人來說，孤獨也是其自身的能量寶庫。

舉例來說，像是作家、漫畫家、畫家和書法家等，都是一個人作業，文案也是一個人冥思苦想。這些人從外部世界抽離，在腦中展開屬於他們的個人世界，讓想法不斷湧現，然後對其組合及加工。他們不會一直去問別人問題，也不在網路上搜尋。這是個在自己內心裡高速完成作業，能讓自己在短時間內達到更高水準的境地。因此對創作者來說，孤獨的時間越長，越能拿出優異的結果，其他像是運動選手或音樂家等也是如此。

一些被稱為成功者的人，也都曾在人生的轉捩點上經歷過孤獨時刻。

我認識一位公司的老闆，他在二十多歲剛創業的時候，因為行事過於獨斷，結果有一天早上進公司時發現員工全部棄他而去。當時停車場還停著二十多臺用來跑業務的車，辦公室裡卻只剩下他一人，他感到非常絕望。他雖然遭受孤獨的折磨，但也重新省思自己過去的所作所為，以及未來改進的方向。經過一番脫胎換骨後，目前他已是擁有五間公司的企業集團的老闆，在事業上獲得了巨大的成功。

2 越成熟的人越能享受獨處

所謂活得像自己，就是以自己的本意來過生活、不去隱藏自己的個性。只要不去盲目的配合他人或偽裝自己，就能看清楚身邊的人對自己的評價或好惡，如此一來，雖然會有人離開，但也會有和自己越加親密的人。

若是能享受孤獨，就能從同儕壓力中解放出來，過上安穩無憂的生活。因為你沒有必要向其他人證明自己並不孤獨，所以希望被喜歡或不想要被討厭的想法就會消失，你可以用平靜的心情來享受和他人的對話。不但可以說出自己真正想說的，也能接受別人的真心話，就算遇到想法和自己相左的情形，也能彼此認同「嗯，這種想法也不賴，原來還有這種觀點啊」。如果能如此正向、包容，就不會被寂寞的情緒影響，讓自己擁有更多充實的時光。

和大家在一起雖然很開心，但自己一個人也很愉快。當我們能夠享受這種狀況，那麼就算是一個人的時候，也不會害怕，更不用勉強自己去配合周圍、為人際關係煩心，可以活出自我。當然一定會有人離開，但就結果來看，會留下的都是不用偽裝自己，也能與之交往的朋友，這樣豈不開心？

當可以和朋友相互接納彼此的意見和想法後，自然就能忽略其他人那些不經過大腦的批評。「嗯，有的人就是喜歡張家長李家短」、「只為一點小事就橫眉豎目，真的像笨蛋一樣」、「這些人不能把精力用在更有意義的地方，實在是太可惜了」，如果能做到這樣，我們既不會過度在意別人的目光，心情焦躁的次數也會減少。只要精神越從容，就算遇上突發狀況，還是能心平氣和的待人。

總結來說，精神越成熟的人越喜歡孤獨，不成熟的人則喜好群聚。

3 肯定自己的情緒，生氣時，自責時

孤獨的價值，在於能保留與自我對話的時間，也就是內省和內觀。內省是指回顧自己的想法和經驗並賦予意義，然後將其連結到下一個行動；內觀是指傾聽自己內心的聲音並接納它。

內省並非只是單純的反省，而是把自己的經驗和事件，藉由調整、賦予其意義，來讓自己變得更幸福，並和個人行為有所連結。例如，你被公司開除了，可以以這樣的角度來思考：「我和這間公司（工作）合不來，我的價值或許能在其他地方發光發熱。」翻轉以往你去接受或解釋一件事情的方法。這是只有在獨處的時間裡，才能完成的高度知性作業，也是人類所擁有的特質。

和內省相比，內觀可能比較難理解。內觀既不肯定也不否定自己的情緒，只是客觀審視自己，原來自己是這樣想的。舉個例子，當你覺得那個傢伙真令人火大，並感到憤怒時，不少人都會告訴自己「我不該去憎恨別人」，來否定自己的情緒，但包含這種否定的想法在內，內觀會讓你可以接納自己最原本的情緒。

首先是肯定自己的情緒，「那個人讓我很生氣」，接著讓身體去感受：「我是對什麼事不高興」、「為什麼那個人會做出這種事」、「那個人應該是這種類型的人吧」、「下一次再遇到這樣的情況時，我要怎樣才不會發怒」，只要不去否定自己的情感而是感受它，就能避免被負面情緒影響。

藉由內省，讓自己回顧過去的想法和經歷，找出不夠成熟的地方；透過內觀，讓自己接納各種情緒、不會受其影響。若希望自己的心智有所成長，內省和內觀缺一不可。

我們每個人無非是透過自己的價值觀，來理解他人和這個社會，只要能加深對自身價值觀的理解程度，就能降低自己的不安和恐懼。進一步來說，為了要能接納出現在生活中的不同觀點並肯定自己，我們還需賦予它們正向積極的意義。

透過內省和內觀去認識自我價值觀，以及與他人和這個社會的關係，然後滿懷善意的接受自己的狀況，方能過上幸福人生。

4 只想做自己，就得付出一點代價

大部分的人都在追求自由，可是自由到底是什麼？或許我們可以說自由是不受任何事物或人的制約，可以隨心所欲的過生活。與不能說出真心話、像被什麼給束縛住的狀態相比，可以過上自己喜歡的生活，應該更令人心神嚮往。

倘若你想要獲得這樣的自由，那麼孤獨肯定也會如影隨形。例如，如果你住在鄉村的話，就會有人送些農作物給你，鄰里彼此互助生活，但你也要遵守地方上的人際關係和風俗習慣。另一方面，都市就不一樣了，如果是住在公寓大樓裡的話，應該有很多人都不知道隔壁住誰，甚至連認識的機會也沒有，更不用說什麼風俗習慣。都市裡沒有誰能束縛你，這很自由。

當你獨自待在住處的房間裡時，應該也體會過孤獨的感受吧。可是當你覺得寂寞、想和誰待在一起的話，就不能再隨心所欲，你需要去在意周圍的目光和看法、顧慮到他人的感受才行。不想承受寂寞的代價，就是失去自由，而且如果你越是想要擺脫寂寞，就越需要去配合其他人；反之，一旦你接受了孤獨，才算擁有自由。

能夠享受一個人的時光，就是尊重自己。與此同時，你自然會去理解和尊重他人。如此一來你將變得寬容，不會對他人的領域侵門踏戶，也不會把自己的想法強加在別人身上。

6

怕生的人
適合哪種職業？

1 發現自己的天職

內向者若想過得幸福，其中一種方法是找出自己的天分，並加以發揮。當你可以全身心投入工作，日復一日、年復一年持續下去也不以為苦，並感到極大的幸福時，這就是所謂的天職。

天職的種類和領域因人而異，為了挖掘出自己的天分，我們需要縝密的分析自己做起來很開心的工作，看看其中包含什麼要素。其中，縝密分析是最關鍵的地方，因為許多人對於自己適合或不適合什麼，只有一個模糊的認知而已。

很少人能第一次找工作或轉換一次跑道，就找到自己擅長的領域並成功。但如果我們可以越早發現自己的天職，就能有更多時間享受自己的人生。為此，我們首先要徹底分析做起來很開心的事情，思考自己為什麼會有這種感覺，然後仔細思索自己傾向哪一類、適合什麼樣的工作。例如，「因為我喜歡和人接觸，所以適合跑業務或做接待」，這樣的分析就太膚淺了。

所謂喜歡和人接觸，具體來說，是你對人的哪一點感興趣，和其他人建立哪一種關係會使你開心？這些都有必要繼續深挖下去才行。如果你是對人的情感變化有興趣的話，那麼除了業務和接待，ＦＢＩ心理分析師、精神科醫師或心理諮商師等，也可以列入職業選項。

如果我們可以從許多細微的切入點中，挖掘並鎖定自己的強項，就能增加工作或生活方式的選項。以我為例，輸出自己的想法是我的強項，所以當我在寫作或寫專欄時，會覺得很充實。

事實上，執筆寫作的這段時間，對我而言是最幸福的時光之一，但這並不表示我只是單純的喜歡寫作。針對一些社會現象或人們的問題，我會以個人的觀點來剖析，預期讀者可能會有的反對意見，並逐一提出反駁論點。此時，我不會只講空話，而是會提出具體解決方案。

思考新的表現形式、書寫，並將其發表出來，這是我喜歡做的事情。我其實並不喜歡人，甚至可以說我對別人完全沒有興趣，但我對人們為什麼會有這樣的問題，以及該如何解決這個問題很感興趣。

如果你有會讓自己感到愉快的事，那麼請持續且縝密的分析下去，這項作業或工作中包含了哪些要素，能讓你感到有價值或人生的意義，而這也是找出自己天分的捷徑。

2 任何領域都有大展才華的怕生者

要想過上舒適的人生，其關鍵在於選擇從事和自己氣質相近的工作。因為你既無需過度勉強努力，還能讓能力有所提升、才華有所發揮，且賺得到錢。例如像會計或計算員工薪資，大部分的工作都可以一個人安靜作業，而像系統開發這類ＩＴ相關的工作、研究開發、工廠和倉庫作業，以及跑業務等，也大都是一人工作。

內向者總歸來說比較適合獨自一人工作。尤其是創作領域，更容易發揮自身才華，像是插畫、設計、寫文章、攝影、設計程式、作詞作曲，以及和藝術工藝相關等行業。如果這份工作只需提交數據資料，這種工作也不會特別隸屬於哪個組織下，工作方式非常彈性，還可大幅減少與人接觸的頻率。

典型的需要高創作力的職業，就屬漫畫家和作家。因為與人往來的部分原則上都由編輯負責，就比較沒有壓力，而且還能享受被稱為「先生[3]」的待遇，人際關係也輕鬆。

另外，成為投資人也是一種選擇。從事不動產投資，雖然直到取得物件為止，需付出不少心力（要和不動產業者和金融機構打交道），但只要過了這一關，之後就沒什麼事了，和租賃管理業者的往來，也只要靠電子郵件就能解決。

還有像從事網路交易的人，他們只要有一臺電腦就夠了，完全不必踏出家門半步，也不用和任何人見面就能完成工作。就算是看起來比較適合外向者的工作，但其實只要在工作方式上稍做改變，也能讓內向人士在同樣的職場上大放異彩。例如，有不少廚師雖然沉默寡言、態度冷淡，但他們的餐廳卻相當有人氣。讓自己專注於料理上，把接待客人的工作交給前臺負責，類似這樣的店家，可見於城市中那些家族經營的餐館。

日式料理廚師一般都很有個性，但就算拉麵店的老闆性格頑固，脾氣又古怪，只要拉麵好吃，還是會有客人上門，對客人來說，店長態度冷淡與否，和他們要不要吃拉麵都沒有關係。

3 日語中的「先生」一詞，通常用來稱呼在社會上有頭有臉的人物或職稱，例如知名作家、醫師、律師、老師、政治人物等。

3 很多頂尖業務其實超怕生

或許讀者會感到意外，**在銷售業績（尤其是提案營業**[4]**和反響營業**[5]**）上表現出色的業務員中，有不少都是內向型的人**。之所以如此，是因為他們比較會去傾聽客戶說話。

業務這份工作的本質，就是去找出客戶所面對的問題，然後藉由自家公

4 指幫客戶抓出他們所面對的問題，然後向對方介紹使用我方公司的產品或服務，以解決問題的行銷手法。

5 意思是透過網路、電視、廣播、報紙或推銷廣告等來做宣傳，是一種只針對預期會對宣傳內容感興趣的顧客所做的行銷手法。

司的產品，來幫助其解決。因此除了要發現客戶困擾的地方，還要從對話中揪出問題真正的癥結點，所以必須仔細聆聽客戶所說的話，而這正是內向者所擅長的。

如果自己無法提出有效方案，那麼就把相關資料整理好，提供客戶參考。如果擔心自己會回答不出客戶的問題，就要事前蒐集常見問題集。倘若能想辦法去填補自己不擅長的地方，那麼就得以贏得客戶信賴，合約自然手到擒來。

4 不敢跟人搭話，就把謝謝掛嘴邊

不管在職場或私底下，內向型的人大多傾向單獨作業，喜好孤獨。孤獨在很多情況下是引發創意革新的催化劑，對內向者而言是一大優勢。當好幾個人聚在一起、集思廣益想點子時所使用的腦力激盪法（brainstorming），其實相當沒有效率。已經有很多研究報告指出，由個人去思考提案，不論在數量或品質上都遠勝團體。

在團體中，自己提出的意見會被其他成員如何看待，其實是一種壓力，且有些人待在團體中便會想依賴他人，進而放棄自己的想法，如此一來自然無法給出有建設性的觀點，而且當團體內的人數越多，效果就越低落。

由此可知，和團體相比，個人單獨作業具有比較強的創造性和獨創性。也就是說，內向者只需要以自己的特質為基礎，就算不積極尋求表現，也能讓人看見你，刷出自己的存在感。

不管是從事研究開發或市場開發的工作，只要在公司或業界裡能做到一流水準，工作自然接不完。就拿我來舉例，當我使用 PowerPoint 的技巧或勞動法的相關知識比一般人來得豐富時，就等於創造出讓身邊的人來向自己請教的環境。

就算不善與人交際、午餐時一個人吃飯，或打不進別人的小圈圈，只要提醒自己與人接觸時能保持微笑，在公司裡就不至於會遭到孤立。

把注意力放在工作成果上

其實我很容易在職場上被孤立，因為我不喜歡參加同事的午餐聚會或晚餐聚會，就算有人邀約也會婉拒。因為我不知道吃飯時要說些什麼，對聊天沒興趣，覺得一個人用餐比較輕鬆。

當然，我也有需要反省的地方，但我早已決定不刻意與人交往。我認定公司是工作的地方，既然是工作，就需要拿出成績，只要自己不去主動破壞人際關係，自然也就沒有什麼好被他人批評之處。

在公司裡，我只說和業務相關的話，把心力集中放在工作上。因為只要能在工作上交出好成績，自然會受到周圍肯定，如此就能找到自己的容身之處，還能減輕在公司內的孤立感。

不知不覺中，我建立了在公司內的個人形象，「那個傢伙就是這種類型的人」，不善與人交際、不懂得察言觀色、陰沉寡言等性格，也成為同事們所認同的個性。所以說，內向者真的不要把注意力放在人際關係上，只需要專注在交出工作成果就行了。

當然我的本意不是要各位讀者對人冷淡，如果渾身散發出「別過來」的氣息，肯定會讓人覺得你難以親近，這樣反而會使你在工作上碰壁。要是讓其他人覺得「那個傢伙不太友善」、「他好像總是在提防什麼」的話，就損失大了，所以讓自己表現得像一個只是內向、老實的人吧。

像我從以前開始，只要不說話臉就很恐怖，再加上經常皺眉，更讓別人覺得我心情好像很差，因此我不斷提醒自己，在人前盡量保持微笑。我告訴自己要用笑臉和人打招呼、精神飽滿的回應他人。當有人和你說話時，就先暫停手邊的工作，嘴角上揚，以和藹的態度來接待他人。

要好好說謝謝

感謝身邊的人，是我想和讀者們分享的另一件事。具體來說，就是習慣說謝謝。

除了挖苦別人這種特殊情況外，我想應該沒有人討厭被對方感謝。就算不一定會令他人喜歡，至少也能給人留下處世周到的印象。如果能夠做到這樣，那麼不論你是一個人，或在團體中形單影隻時，身邊肯定都會出現關心你、和你主動搭話的人。

或許你其實也注意到了，當那些很會關心人的人看起來有點落寞時，你會去在意他怎麼了，並想和他說說話。人類身上具有一種特質，就是不會忽視那些總是對周圍環境充滿感謝之情的人，正因如此，內向者應該要時刻提醒自己，對周遭事物傳達感謝之意。

7

談戀愛的訣竅，
不用告白也能交往

1 試著以結婚為前提

我常被別人說長得很像搞笑藝人搭檔爆笑問題中的太田光。我的顴骨突出又有暴牙，顏質的確不是很高，甚至連補習班的老師都曾對我的兒子說：「你長得不像爸爸比較像媽媽，真幸運啊！」當然，老師是半開玩笑的。

但就連像我這樣的人，從學生時代開始到現在，也曾交過八位女朋友，還結過兩次婚。長相抱歉、個性陰鬱而且還畏畏縮縮的我，都還是可以與人談戀愛、步入婚姻。接下來我想說的話，可能會讓讀者覺得有點多管閒事，但我還是想說，對內向的人來說，結婚成家能讓人倍感心安。

如果我沒有結婚的話，可能會過著孤獨終老、足不出戶的生活，讓自己與世隔絕。數十年都不會和任何人交流，直到嚥下最後一口氣為止都是一個人。光是想像就覺得很恐怖。

當然也有人覺得，「不少人都勉強自己與性格不合的人結婚，結果婚後壓力超大，反而過得一點都不幸福，還不如維持單身比較好」，但抱持這種看法的人，有可能是因為自己過度期待或依賴對方所致。「婚姻就是這麼一回事」、「做太太的應該這樣」、「身為丈夫應該那樣」、「對方應該這麼做」、「是對方有問題」等，這些**都是自己不願意承認兩人之間的差異，一廂情願的認為對方要做出改變，結果就很容易陷入痛苦的婚姻生活中**。

由此可知，當大家都把自己的價值觀擺第一，不願意讓步，也不想放低姿態，就會產生衝突，也容易累積壓力。結婚和談戀愛不同，比起心裡小鹿亂撞，更需要的是安定，因此只要不是太過任性、乖僻或陰沉等性格，多少都需要去接受彼此間的差異。

當然，每個人都有自己無法讓步的價值觀，如果是這樣的話，就要在結婚前彼此說好，哪些可以磨合、哪些不能。一旦覺得和這個人有希望的話，就可以進一步深談自己覺得重要的價值觀，像是想生幾個孩子、孩子的教育方式、家事和育兒的分工、要買房還是租房、多久舉辦一次家族旅行這類活動比較理想、儲蓄目標多少、日後有可能換工作嗎、是否和父母住一起等，並和對方談談。

婚姻是由兩個人相互扶持共築家庭，有點像是某種契約或合作關係，因此比起「她是我會喜歡的人嗎」、「她能允許我去做自己想做的事情嗎」，更重要的應該是「她是會尊重對方，彼此相互扶持的人嗎」。

如上所述，如果你下定決心，就可以試著以結婚為前提，勇敢踏出第一步和對方交往。其實像我這樣陰沉又怕生的人，如果不是以結婚為當前目標，採取策略性行動，那麼要想結婚還真不容易。接下來我將向各位讀者介紹，我這個過來人的做法。

2 我看了好多好多的愛情電影

我在大學時讀了大量的戀愛小說，也看了許多愛情電影，這都大大影響我去理解女性的心理，以及和女性的相處方式。

我特別推薦這個方法給內向、性格畏縮膽小的人，因為他們都擅長從實例或操作手冊類的方式來學習。去讀教導如何搭訕的書籍和戀愛小說，或是看愛情電影，都可以更了解女性在想什麼，並學到與之相處的技巧。

我之所以會想從書籍電影開始學習，是因為我大學時失戀了。過去我曾和在同一個地方打工的女生交往，最後分手的原因是我太過在意對方在做什麼，使她有一種被束縛的感覺。例如我會一直打電話給她，如果看見她和別的男性員工聊得很開心的話，甚至還會做出一些希望能吸引到她目光的幼稚行為。

到了晚上，我會沒來由的妄想，懷疑她是不是去和別的男人見面，然後自己騎著自行車到她家附近，直到看見她房裡的燈是亮的才安心。如果燈是暗的，我就會開始惶惶不安，並在日後追問她那晚去了哪裡。現在回想起來，自己當時的行徑簡直和跟蹤狂沒有兩樣，所以最後我就被甩了。

這段感情讓我學習到，束縛會讓對方感到巨大壓力，而且是分手的導火線。為了談好下一段戀愛，我萌生了想更加了解女性心理的想法，所以開始接觸許多關於戀愛的實例。

3 活用各式「婚活」服務

性格膽小畏縮如我，過去其實會習慣避免去認識新的人。但如果想要談戀愛或結婚的話，這樣下去是不行的，於是我開始做些簡單的嘗試，並鼓起勇氣走出去。

我想推薦給缺乏邂逅機會的人以下幾種方法，按照推薦程度分別為：透過朋友介紹、使用婚活[6] App、參加婚友社。

6 「〇活」是日本近年來的流行用語，例如「就活」是參加求職活動，「終活」是為自己預先安排好後事，而「婚活」指的是為了結婚，積極參與相關的活動。

首先，透過朋友介紹，這個方法可以讓我們很大程度避開有黑歷史、已婚人士或性格有問題的人，而且朋友一般來說也比較了解你的性格和喜好，基於這點來介紹對象給你，成功率也較高。

但或許你的友人和你一樣內向，異性朋友也不多，這時就輪到婚活 App 出場！最近大型公司在確認個資上越來越嚴謹，也強化機制以防止已婚人士亂入，比起參加不靠譜的聯誼，App 上的個人資訊很多時候比較可靠而且價格也不貴，是挑選人時的好幫手。

在使用婚活 App 時，不必謹慎過頭，可以以輕鬆的態度來邀約對方。只要保持這種心態，就算被無視、拒絕，或只見了一次面對方就神隱，自己也不至於受到太大的打擊。

儘管如此，使用 App 還是有一些必須注意的地方。假設彼此都有好感，覺得好像可以認真交往看看，有人卻還是很難真正退出婚活 App，因為上面優秀的人太多了，讓許多人都抱著騎驢找馬的心態。與其早早認定就是這個人，還不如同時去找找其他對象，增加自己的人選，是更為明智、安全的做法。

要特別注意的是，某些比較缺乏自信的人，特別容易陷入「我只有妳了」這種狀態，結果到頭來被人玩弄於股掌間，或被當成備胎，最後結束彼此的關係。

最後，如果自己已經老大不小，可是忙於工作，實在沒有時間去參加婚活，但又想快點結婚的人，我推薦加入婚友社。會員可以透過婚友社來幫自己挑選適合的人選、安排彼此第一次見面、當你的諮詢對象，還可以透過工作人員代替你婉拒對方。收費雖然較高，但性價比是合理的。

4 用加法來看一個人

有些人雖然花了很大的心思在婚活上，可還是無法如願，究其原因，或許是因為自己下意識把太多條件加諸在對象身上、沒有注意到自以為普通的門檻，其實一點也不普通。在此我想給這樣的人一個建議，你或許可以試著去扮演一位製作人，而你必須從談話中引導出對方的個人魅力。

我來介紹一下自己的實踐方法，這個方法收效甚佳。例如，你可以詢問對方特別的長處或拿手的事物，然後說：「你可能真的有這方面的才華喔」、「日後說不定也適合朝這個方向發展呢」，像這樣讚美對方的可能性與潛在能力；或者也可以像這樣：「哇，你太厲害了！我覺得可以進一步去發展耶」、「這還真的只有你能做到喔，真是非常出色的技巧」，去找出連對方都沒有注意到的個人魅力。

如果能夠重複這類對話，對方的優點就能蓋過他的缺點，你或許也會逐漸喜歡上對方。與此同時，對方也會覺得自己得到你的認同，而傾心於你。在這樣的過程中，彼此相處時的氣氛會越來越好，就算不用說「我們交往吧」，或「我喜歡妳」，下一次也能約對方見面。

當然，我也會有想避開的類型，原因都和個人品行有關，例如：

- 說話內容都在發牢騷、抱怨。
- 對話中出現很多沒辦法、可是、但是、反正等，缺乏自信的詞彙。
- 鑽牛角尖，且自我意識太強，不懂得妥協。
- 會去否定、批評或禁止對方的發言和行動。
- 說謊、不認錯、愛找理由。

- 金錢價值觀不同，彼此難有共識。
- 精神方面不夠獨立。
- 情緒不穩定，會去試探或控制對方。
- 和前男友藕斷絲連。
- 對異性的警覺性太低。

過去我曾經和有上述幾點特徵的女性交往過，但都立刻就感到不太對勁，所以很快就分手了。

雖然自己的人品也沒有高尚到可以對人指手畫腳的地步，但我認為那些缺乏自信、充滿負面情緒又自私的人，不是可以安心與之共組家庭的對象。

5 一對一見面就好

因為我非常畏縮，所以不太適合參加婚活派對或聯誼活動。在那種集體評鑑大會上，個人的第一印象幾乎就決定了勝敗。一群人面對面站成兩排，相互品頭論足，結果還是那些外貌出眾，或善於社交的人成為贏家。

我還是單身時，曾被朋友邀請去參加聯誼活動。當時活動費用全部由男生負擔，女生免費。過程中你可以和任何人攀談，但每隔幾分鐘就會要交換對象。活動結束時，把自己欣賞的對象的號碼寫在紙上，最後由司儀唸出來，如果兩個人配對成功了，就直接在一起。

想當然，我沒有得到任何人的青睞，而得到最多票數的是帥哥公務員。

有了那次經驗後，我就再也沒參加過這類活動了。

類似的團體活動，都不利於我這種類型的人。去參加一個注定失敗的競賽，實在沒有意義，因此我決定，如果要見面的話就要採取一對一的形式，從這一點來看，就能凸顯出婚活 App 的優勢了。

6 避開需要一直排隊的約會行程

對於不習慣和異性說話的人來說，當他們要約會時，我建議可以選擇不用說話，也能進行下去的約會行程。

如果第一次約會就去東京迪士尼樂園，或在東京井之頭公園的湖裡泛舟，不只觸霉頭[7]，彼此也會覺得拘束且放不開。容易陷入沉默或等待時間較長的地方，約會難度較高，我建議可以先從看電影、參加音樂節和逛美

7 約會時到東京士尼樂園玩或在井之頭公園的湖裡泛舟，會讓情侶分手或感情不順，是日本著名的都市傳說。性質類似臺灣網路上的「情侶約會禁地」。

術館等，以觀賞和體驗為主的活動來安排約會行程。

如果對方喜歡音樂，那就去聽現場表演秀或演唱會；喜歡藝術就去看美術展。先詢問對方的興趣（如果沒有特別的嗜好，看電影是個好選擇），再來安排行程，前面提及的幾個地方都不太需要對話，很適合初期約會。

但要特別注意，上述的約會行程中，你只是待在對方的身邊，彼此並沒有心靈上的交流，所以之後在咖啡店或餐廳的對話就很重要。此時彼此已經有了同樣的體驗，擁有共同話題，你可以分享自己的想法，也可以詢問對方的感想，藉此來提升彼此的好感。

若對方不是一位容易說出內心話的人，那你可以在觀賞時，一邊去思考之後要問他什麼問題。如果還是出現話題接不下去的狀況，不妨試著找出這家店或料理的優點，先從「這家餐廳明亮又有開放感」、「真不知道是什麼料理」這類話題開始，進一步找出對方的嗜好，「你喜歡這個嗎？」、「你還對什麼感興趣呢？」總之就是要把話題轉換為問題，讓對方多說點話。

7 在意猶未盡處劃下句點

時間短一點，是約會時要注意的另一個大原則。當彼此都還不熟、很難聊得起勁時，**約會時間**越長，越容易露出馬腳。因此就算看完電影後到咖啡店坐坐，也請**記得以一個小時左右為限**。

約會最理想的結束時間點就是在彼此意猶未盡時。就算彼此真的很來電，也要懂得見好就收，讓對方留有還想再聊的心情，這樣下次要邀約時就比較容易。如果是約去吃飯的話，我建議點套餐，因為一個套餐吃下來大約兩個小時，飯後可以很自然愉悅的結束。

還有，不用覺得自己一定得把氣氛搞得很熱絡才行，因為這件事對內向的人來說，根本是不可能的任務。我之所以會建議約會時間在一到兩個小時之內的原因也在於此。

如果你覺得「是嗎，但是我和對方今天這兩個小時一直都聊得很來勁耶」，恕我直言，這是對方的功勞。排除和對方特別合得來的情況，一般來說個性畏縮的人，說話都不太有趣，所以如果你覺得彼此挺聊得開的，那是因為對方的付出和體貼，想必她一定累壞了。

我在第一次約會後的好幾個月，總是只約對方去吃飯而已，經過幾次一起共度晚餐的經驗後，才緩慢且謹慎的拉近彼此的距離。藉由工作上要請客戶吃飯的機會，我找了好多餐廳，還辦了一堆店家的卡。不管是和食、義大利料理或法國菜，都做足功課。想到彼此感情增溫後的需求，我還特別把有包廂的餐廳挑出來。

等到兩人關係好到可以聊上好幾個小時、話題中斷也不尷尬後，我才在週末約對方出來。之所以會這麼做，當然也有我的考量。如果劈頭就問對方

「週末想去哪」，只會讓人困擾，因為對方也有工作，所以我們平日的約會，大概都約在晚上七點，九點左右結束回家，我認為這樣對方比較不會有負擔。

8 約會，講白了就是閒聊

約會時，幾乎大半時間都是在閒聊。但這個閒聊一方面可以讓我們認識對方，同時也能讓對方更了解我們。所以約會時我們不必掩飾自己，或想著要說些有趣的事來取悅對方，這樣反而會適得其反。

如果硬是要去扮演不符合自己形象的角色，對方立刻就會感受到那種不自然。勉強打造出來的形象，不但一眼就會被看穿，還會給人一種不誠實、虛偽的印象。**真正重要的是能把自己的情感傳達給對方，讓對方知道你的喜歡、討厭、高興、悲傷，來拉近彼此的距離**。

另外，還要盡可能貼近對方的情感，不要去批評或給予意見，傾聽對方說話並適時做出反應，這樣才能提升彼此的認同感，對方也會逐漸卸下心防。

但要注意，如果想在對話時談些憤怒、悲傷或不愉快的事情，還是等到雙方夠熟識之後再說比較合適，否則可能會讓對方覺得你似乎有點負面。因此就算衝動想說，還是先輕描淡寫的帶過會比較好。

等到兩人的關係越來越親近後，你可以試著問「想必當時應該吃了不少苦頭吧」、「那個時候你一定很生氣吧」，或許對方也會對你敞開心房。

9 吃完飯買單，是男性該有的最基本禮貌

一般來說，男性較理性，但往往也容易把這種想法表現在戀愛中。例如**約會時各付各的，就是一個失敗案例**。

男生可能會想，不是說男女平等嗎，那ＡＡ制有什麼不對？然而男女平等和約會時的表現，其實沒有任何關係，幫女孩子買單，是想獲得芳心的最低底線和禮節。

還有一種常見的說法是「因為還不知道會不會交往，所以不想要多花錢」，但我認為，為了不讓女性有金錢上的負擔，男性應該要支付約會時的所有費用。假設有兩位條件差不多的男性，一位約會時總是要各付各的，另

一位則會幫女孩子付錢，你覺得女生會對誰比較有好感？

從第一次約會開始，就要避開連鎖居酒屋，選擇有情調的餐廳。若沒有口袋名單，就去請教朋友和前輩，或是自己調查。如果可以的話，先去餐廳一趟，事先了解一下約會時可以點些什麼，況且要是到了約會那一天才迷路或遲到，那就太不像話了，也會讓對方覺得你很不可靠。

建議事先預訂好餐廳，如果到了現場才發現客滿，那實在太掃興了。有事先訂位，也能讓對方知道你很重視和她一起用餐。另外，如果女生覺得男人請客天經地義，並吃完飯就想走人的話，很可能讓男生留下「她只是看在錢的份上來赴約的吧」這種印象。就算知道男方會請客，女生也要裝裝樣子拿出錢包問對方：「請問要多少錢？」

接下來的話，或許有點像在說教，但內向人的確比較常以自我想法和價值觀為優先，所以容易失去下一次約會的機會，或是從對方的結婚對象候補中被除名。婚姻需要尊重及配合對方，所以可能並不適合只活在自己世界裡的人，但就像我在前面說過的，如此一來你將很有可能過著足不出戶的蟄居生活，為了避免發生這種事，拋棄那些不值一提的自我堅持，做個有度量的人吧。

10 出現四種行為，對方就謝謝再聯絡了

對不擅長邀約異性的人來說，與其去選擇對方，我認為不妨讓自己成為被挑中的人。

首先要問自己，該怎麼做才能讓彼此相處時情緒平穩，並能坦然的說出心裡話。如果說出真心話反而遭對方討厭，那麼從某個意義上來說其實是一件好事，因為這可以幫你避開不幸的婚姻生活。

但各位讀者也要知道，說心裡話也是有時機和方法的，不管是透過婚活App或婚友社來認識對象，大家都是希望能結婚，才會出現在那裡，只是彼此剛認識的時候，還沒有把對方當成要一起步上紅毯的那個人而已。

有些人滿腦子想要結婚，才第一次約會，就和對方談論將來想要幾個孩子，或自己希望和父母同住等事情，真的很傻眼。

接著讓我來介紹一些婚活時應該避免的ＮＧ行為：

1. 一問一答的對話方式

最常出現的，就是用類似偵訊的方式來問對方問題，例如：「你住在哪裡」、「你老家在哪」、「你有兄弟姊妹嗎」、「你興趣是什麼」、「假日都在做什麼」。拜託，這不是警察在偵訊好嗎，這種對話方式只會讓你扣分而已。

雖然這種做法確實可以有效取得資訊，可是卻會讓對方有種遭人窮追不捨，還被打分數的感覺，相當不舒服。想要多了解對方不用太著急，只要順著她的回答繼續深入就可以。如果對話裡出現對方的家人，不妨繼續往下聊，如此一來對方也會做出回應。讓相同的話題像傳接球一樣來回往返。

2. 太多負面言論

當雙方關係還不夠熟識時，對話中不應出現發牢騷或憤世嫉俗等負面言論，也別提工作上有多辛苦，或是和家人之間的問題。因為這些話，會讓人懷疑和你結婚是否能共組一個和諧家庭，還會給人一種你總是依賴他人又沉重的形象。當然像「我想辭掉工作」，或「好想死」更是萬萬說不得！**如果你真的很想抱怨或發牢騷，不如來談談夢想**。例如，雖然現在的情況如此，但我希望將來能這樣，為此我做了這些努力。

3. 自我意識過剩

有自己的主見固然重要，但過度的強調「我是這麼想的」，反而會讓人覺得很有壓迫感，使對話變得索然無味。當你表達「我這麼認為」，但對方卻回應「我和你想的不一樣」的話，還會有一點尷尬，好像自己犯了什麼錯。如果對方太過堅持自己的意見，你也會陷入難以開口的窘境。因此，與其強調自己的觀點，不如用「嗯，我了解」、「原來是這樣啊」，來增進彼此的理解。

4. 給意見、強迫推銷自己的想法、否定別人

這幾種情形特別容易出現在男性身上。對別人的煩惱提供自己的意見，實在是多管閒事，女性只是希望有人聽她們說話。

此外，「妳這樣不行，還是這麼做吧」，這類意見含有大量否定的意思在裡面，會令對方不悅。因此要提醒自己，在對話時先聽對方說，再用「原來如此，真是不容易啊。我認為妳很努力了」這類話語，來表達你能感同身受。直到對方問你該怎麼做才好時再提供建議。

11 不用告白也能成為男女朋友

當你和女生一起用餐時，如果話題中斷，不妨試著微笑，並默默的看著對方，這時她一定會說「幹嘛一直盯著我看」，或「怎麼了」，這時記得要這樣回答，「沒有啦，我只是看妳看得出神了而已」，接著她應該會感到難為情，可是又有點高興的對你說，「你在說什麼啦」、「你這樣說，讓人很害羞耶」。

然而，同樣的招式用太多次就老套了，因此下次約會當她問你為什麼又這樣看著她時，你可以回答「因為妳很可愛啊」，或是「我覺得妳很迷人」，用這種不至於過度拍馬屁的話來答覆。重點在保持微笑看著對方，用笑臉來回應。當你覺得她在害羞時，她也可以知道你其實對她抱有好感。

我之所以推薦這個方法，雖然有打破沉默的用意在，但同時也能不告白，就讓對方了解你的心思。對內向者來說，告白是一件恐怖且難以達成的事。我當然也沒有勇氣向他人告白，因此活到目前為止，我一次也沒有告白過。

男生還要特別注意，有不少男性同胞在戀愛上經驗不足，無法掌握和女生之間的距離，以及相處時的氣氛，甚至在彼此還不夠了解時，就突然對對方說「我喜歡妳」，或牽住對方的手，這種行為如同自掘墳墓。

如果採用我的方法，不但可以準確傳達自己的感情給對方，就算不告白，也能得知人家對你有沒有意思。像「看妳看得出神」這種表現，其實本來就隱含了「妳好有魅力，我喜歡妳」的意思在裡面。如果在你說了這種話以後，還能繼續約到對方的話，那不就表示成功機率很高了嗎？

但如果對方聽了你的話以後，表現出「好噁心喔」的樣子，那麼之後自然就不會再接受你的邀約，也表明你們倆沒戲。依照我的做法，可以保護你免受告白遭拒的慘痛經驗。

若在剛開始的時候，對方只把你當成備胎或朋友也沒關係，只要能約成功，多少意味著她對你有好感。反覆使用我在這一節所推薦的方法，相信一定可以拉近兩人之間的距離。

12 別急，好感情得細水長流

如果你總是沒有第二次約會，或無法長期與他人交往的話，那你應該先學會觀察對方的反應，注意自己的遣詞用字，並抓住時機來突破關係。

剛開始與人約會時，緊張是在所難免，這種事只能靠經驗來彌補。但關鍵是要仔細觀察，什麼話題對方會感到愉快；什麼事情能讓對方有興趣；什麼時候對方會為之語塞或猶豫；對方想說些什麼時，會出現什麼氛圍；對方焦躁時的反應；困擾時會做出什麼肢體動作等，然後以此來判斷彼此的關係是要加油門，還是踩煞車。我們要有足夠的冷靜來配合對方，而不是自己想說、想做什麼就貿然行事。

此外，要打從心裡喜歡上一個人，某個程度上來說需要一些時間來醞釀，所以不要太著急。

我想讀者們應該都有過以下經驗吧：沉浸在與某個人約會時的回憶中；為寫給對方的郵件內容大傷腦筋；喜孜孜的反覆讀著過去彼此往來的信件；只要對方不理你，就會開始擔心自己是不是被討厭了，或是做錯了什麼；查找資料，看下一次能約她去哪裡；戰戰兢兢的去牽對方的手；煩惱現在是不是已經可以接吻；和對方第一次接吻時覺得感動；彼此吵架又重修舊好。

在見面過好幾次後，你會去觀察對方的動作和反應，然後思考是不是可以讓彼此的關係更進一步，就算一個人回到家後，還是好想抱緊對方、渴望著肢體接觸、思考到底怎麼做才能達陣？這時腦海中浮現的畫面，不禁令人臉紅心跳。

當對方占據你內心的時間越來越長，你就會更加重視她，進而愛上對方。你想著對方的頻率和時間，都在不斷增強喜歡對方的情感。然而許多男生卻總是操之過急，想立刻約女孩子出去、希望馬上能和對方接吻，最好直奔汽車旅館。殊不知你的小心思只會讓女生提高警覺，最後收到對方發出的好人卡而已。

男孩別著急，培養彼此的感情得細水長流，仔細觀察對方情感的起伏變化，並配合女生的步調。

13 「雖然胖，卻很會唱歌。」找出你的反差萌

想找到另一半，建立、維持一個家庭，並終身與之相伴，最重要的莫過於彼此的性格、價值觀以及緣分是否契合。

先姑且不論二十多歲時，人們可能因彼此愛得乾柴烈火而結婚。三十多歲後，多數人更看重的是對方的本性和經濟條件，就這點而言，對結婚年齡偏大的內向族群來說，有時反而是有利的。

我曾聽過這件事：有一位母胎單身、個性陰沉又肥胖的男性，他在換了工作後過了一年左右，竟然在公司裡交到女朋友，而且兩人在交往一年後，就步上了紅毯。

個性陰沉又肥胖，一般來說在戀愛和婚姻市場上都是極為不利的條件，這位男性究竟有何能耐，能克服難關與人共結連理？關鍵在於他很認真的在卡拉OK裡練歌。包括我在內，許多個性陰沉的人對卡拉OK敬謝不敏，但這位男性天生有一副好嗓音，他認為這是自己最能吸引人的特質，因此努力增進歌藝。

第一次和公司同事去唱卡拉OK時，當他拿起麥克風一展歌喉後，女性們無不大吃一驚，開始對他另眼相待，「哇，他怎麼那麼會唱歌啊」，等到他唱完一首後，女性們問：「你唱得太好了，某某人的歌你也會唱嗎？」其實這位仁兄也不是省油的燈，他曾調查過哪些歌曲最容易打動女孩的心，並把它們都練成自己的拿手歌曲。

這個案例，可視為反差萌。這位男性知道自己的外表並不討喜，於是找出可以發揮自己能力的環境，然後利用自己「雖然胖，卻很會唱歌」這點，成功交到女朋友。

雖然我在前面曾提過，男生應盡量挑選能和女生獨處的環境，但在團體活動中，有時確實比較能凸顯自己的強項。

所謂反差萌，意指表現出不同於個人外貌或個性、令人意外的特質，例如一提到胖子，我們腦中就會浮現身體動作遲緩或不擅長運動等形象，可如果你是一個能跳輕快舞蹈的胖子時，給人的印象就不一樣了！這時就可以在續攤時，選擇到酒吧等能跳舞的地方，如此一來就能展現自己的反差萌，「喔，這是什麼舞蹈啊，好酷喔！」

又或者，個性陰沉的人一般來說雖然話比較少，但如果你話不多，可是英文很溜時，你就可以選擇外國人會聚集的酒吧或餐廳，和那些外國朋友用流利的英語交談。這麼一來，「哇賽，你的英語能力超強，好帥喔！」不就展現出顛覆平日寡言形象的反差了嗎？

另外，雖然禿頭通常會給人一種老頭子的形象，但如果他們可以鍛鍊自己的身體，把去海邊衝浪或跑步時的照片放到社群網路的話，還是有可能藉此消除禿頭帶來的負面印象，將其轉化為個人的魅力。

當然，我並不推薦讀者們為了展現反差萌，而勉強去做自己不擅長的事，這樣未免太辛苦了，但若能擁有顛覆自己形象的特技，或讓自己能專注投入於某事的方法，還是可以翻轉陰沉的形象，吸引到異性的目光。

後記

終於，我可以舒服的怕生

我們應該擁有自己的人生哲學，定義屬於自己的成功和幸福，然後思考實現它的方法。每個人都憧憬成功和幸福，但我們到底該怎麼做才能擁有？

我在大學畢業時還沒有決定要去哪裡上班，結果成了飛特族[8]。在第一份工作的會計師事務所裡，因為失誤連連，所以才做一年就離職了。雖然我踏出社會的第一步走得顫顫巍巍，但後來任職於某間連鎖便利商店的總部

8 飛特族（フリーター）指的是，在日本以非正式員工的僱用方式，提供勞力的族群（例如契約社員、派遣社員、臨時工等），但不包含學生。

後做出了點成績，接著轉職到外商的戰略顧問公司。

三十三歲那一年，我靠著不動產投資賺了一大筆錢，三十四歲時自行創業，之後又經過一番峰迴路轉，到了現在四十八歲，我一天只需工作兩到三個小時，但每年卻有五千萬日圓以上的收入。

我不用通勤上班，可以做自己喜歡的事，隨時都可以去自己想去的地方，因為不在意別人是否會討厭我，所以能夠暢所欲言，人際關係不會對我造成任何負擔。此外我還有兩個孩子，生活真的是過得相當自由且幸福。

在經歷了這些事情後，我有了一些想法：世上沒有所謂會成功的性格或個性，也沒有靠性格就能獲得成功的道理。**成功所需要的，是能夠尊重自己的性格和個性**，把自己擺在能感受到人生價值的環境裡，或是由自己來創造出這樣的環境。

「人擁有什麼並不重要，重要的是該如何去使用你擁有的東西。」這是心理學家阿爾弗雷德・阿德勒（Alfred Adler）曾說過的名言。當然，我本人無法和軟銀集團創辦人孫正義，或微軟的比爾・蓋茲（Bill Gates）等社會上的成功人士相提並論，但若從自由、富裕且沒有煩惱的標準來看，我應該也算是個近於成功的人。

而上述這些，也和幸福相互連結。所謂幸福，就是能活出自我，而活出自我意味著，能以個人原本的個性來生活。為此，我們應該要去選擇或創造環境，讓自己能適應個人與生俱來的特質或性格。

這裡我希望讀者們注意，性格可以分為容易感到幸福，或不易感到幸福兩種。造成這種差異的原因，在於一個人是否以成功為目標。

為什麼我會這麼說，因為一般人想要成功的話，就得改變對事物的看法，例如從「這樣是行不通的」，轉變成「該怎麼做才能達成」；從「太麻煩了」，轉變成「來試試看吧」；從「拜託這是常識吧」轉換成「說不定這個觀點有錯」，我們需要矯正自己的思考和行動的習慣。

在成功的路上，我們的精神自然會轉變成容易覺得幸福的狀態。我身邊的成功人士幾乎都屬於這種類型。他們無不在經過大風大浪後，才獲得成功並擁有幸福。

這種順序本身，還有另一層意義。如果在剛起步時就一味的追求幸福感，那麼就很容易認為「現在已經夠幸福了」，而甘願維持現狀，如此一來人們就會放棄努力，並找理由來說服自己。

但當我們走在這條道路上時，難免會碰到需要運用到外向者的處世技巧或行動的時候，例如去找新的工作、推銷自己、站在人前發表、開拓新的人脈等。為了實現自己的夢想和目標，我們需要離開自己的舒適圈，讓自己待在難以保持冷靜的環境中。

我自己也曾轉換過兩次跑道。從開始從事不動產投資起，每個週末我都要去拜訪相關業者和物色物件；在創業的頭幾年，業務都要自己跑；為了增加自己寫作方面的工作，我舉辦研討會，也參加出版業界的活動；要再結婚時，也曾積極參與過婚活。

經過這一連串的努力，我總算讓自己活在目前的狀態和環境裡了。我所做的這一切，並不是在模仿外向的人，我認為自己這種內向人的處世方法，已經足夠來應付世事，而這也是我寫作本書的目的。

對怕生的人來說，為自己打造一個舒適的環境，是獲得幸福的必要手段。當你再次碰到總是讓自己猶豫不決的事情時，只要想到演員可以為了一個角色而配合演出，我想你就能勇敢邁步向前了。

本書如果能對讀者們在獲得幸福的道路上有所助益，我會十分高興。

國家圖書館出版品預行編目（CIP）資料

終於，我可以舒服的怕生：從交友、談戀愛到工作，把人際關係濃縮到最適合範圍的開心生存之道！／午堂登紀雄著；林巍翰譯. -- 初版. -- 臺北市：大是文化有限公司，2021.08
208 面；14.8×21 公分. --（Think；219）
譯自：「人見知り」として生きていくと決めたら読む本
ISBN 978-986-0742-10-7（平裝）

1. 人生觀　2. 人際傳播　3. 人際關係

191.9　110006518

Think 219

終於，我可以舒服的怕生

從交友、談戀愛到工作，把人際關係濃縮到最適合範圍的開心生存之道！

作　　者／午堂登紀雄
譯　　者／林巍翰
責任編輯／林盈廷
校對編輯／連珮祺
美術編輯／林彥君
副 主 編／馬祥芬
副總編輯／顏惠君
總 編 輯／吳依瑋
發 行 人／徐仲秋
會　　計／許鳳雪
版權專員／劉宗德
版權經理／郝麗珍
行銷企劃／徐千晴
業務專員／馬絮盈、留婉茹
業務經理／林裕安
總 經 理／陳絜吾

出 版 者／大是文化有限公司
臺北市 100 衡陽路 7 號 8 樓
編輯部電話：（02）23757911
購書相關資訊請洽：（02）23757911 分機 122
24 小時讀者服務傳真：（02）23756999
讀者服務E-mail：haom@ms28.hinet.net
郵政劃撥帳號 19983366　戶名／大是文化有限公司

法律顧問／永然聯合法律事務所
香港發行／豐達出版發行有限公司 Rich Publishing & Distribut Ltd
地址：香港柴灣永泰道 70 號柴灣工業城第 2 期 1805 室
Unit 1805, Ph. 2, Chai Wan Ind City, 70 Wing Tai Rd, Chai Wan, Hong Kong
電話：21726513　傳真：21724355
E-mail：cary@subseasy.com.hk

封面設計／林雯瑛、劉子瑜
內頁排版／顏麟驊
印　　刷／緯峰印刷股份有限公司

出版日期／2021 年 8 月初版
定　　價／新臺幣 340 元（缺頁或裝訂錯誤的書，請寄回更換）
I S B N／978-986-0742-10-7
電子書ISBN／9789860742084（PDF）
9789860742091（EPUB）

Printed in Taiwan